॥ श्रीभगवद्गीता ॥

LA BHAGAVAD-GÎTÂ

OU

LE CHANT DU BIENHEUREUX

Nancy, imprimerie de veuve RAYBOIS.

॥ श्रीभगवद्गीता ॥

LA BHAGAVAD-GÎTÂ

OU

LE CHANT DU BIENHEUREUX

POËME INDIEN

PUBLIÉ PAR L'ACADÉMIE DE STANISLAS

TRADUIT PAR

M. ÉMILE BURNOUF

PROFESSEUR A LA FACULTÉ DES LETTRES DE NANCY

Ancien élève de l'Ecole normale, ancien membre de l'Ecole d'Athènes
Docteur ès lettres, Correspondant de l'Académie impériale de Toulouse, et de l'Académie archéologique d'Athènes, Membre de la Société asiatique de Paris
Chevalier du Sauveur de Grèce

PARIS
B. DUPRAT, LIBRAIRE DE L'INSTITUT
rue du Cloître-St-Benoît, 7

NANCY
NICOLAS GROSJEAN, LIBRAIRE
de l'Académie de Stanislas

Nancy, IMPRIMERIE ORIENTALE de v[e] Raybois
rue du faubourg Stanislas, 3

MDCCCLXI

PRÉFACE.

La rapidité avec laquelle s'est écoulée la première édition de notre Grammaire sanscrite, a révélé dans le public français le besoin de connaître l'Inde autrement que par ouï-dire. Les demandes qui nous viennent de tous côtés du Dictionnaire sanscrit dont nous avons annoncé la publication, prouvent que ce besoin persiste et qu'il y a ici autre chose qu'une pure curiosité. En effet, la science, la politique, le commerce, tout nous appelle vers l'Orient : la France y marche à son tour; mais elle veut le connaître avant de l'aborder, persuadée que l'on ne s'entend avec les hommes que si on les connait déjà. De plus, en France, on sait que l'Orient c'est surtout l'Inde, puisque l'Inde domine l'Orient par la supériorité de sa race, de sa langue et de ses deux religions. Or la civilisation de l'Inde est toute entière dans le sanscrit.

Tout ce qui peut faciliter l'étude du sanscrit est donc un moyen de plus, donné à la France de marcher dans la voie féconde où elle s'engage et de réaliser l'avenir. C'est à vulgariser la connaissance de cette langue que nous consacrons nos efforts, notre temps et nos ressources, espérant que le public français ne nous fera pas défaut.

Voici le dessein dont nous poursuivons l'accomplissement. Pour étudier une langue, il faut trois livres, savoir : une *Grammaire*, un *Dictionnaire*, un *Texte*. — La seconde édition de notre Grammaire est sous presse et paraîtra presque en même temps que le présent ouvrage; nous l'avons disposée, comme le permet la langue sanscrite, sur le modèle de la Méthode grecque et de la Méthode latine de Burnouf : de sorte que toute personne ayant fait ses études ou les faisant, retrouve dans le sanscrit, avec plus de clarté et d'ensemble, les formes et les règles de nos deux langues classiques.

— Le poëme que nous publions aujourd'hui, offre au public un *Texte*. Pour en rendre l'étude plus facile et plus profitable, nous avons mis en regard une traduction aussi littérale que la langue française nous a permis de la faire. A cause de la métaphysique qui s'y développe, ce poëme offre une abondante variété de mots composés et abstraits, dont les éléments ont entre eux des rapports moins faciles à saisir que dans les mots pittoresques de la langue épique; il en résulte que l'étude de la *Bhagavad-gîtâ* est, au point de vue de la langue, beaucoup plus profitable que celle des épopées : de sorte que celui qui connaît à fond ce petit poëme, peut se considérer comme ayant fait un grand pas dans la connaissance du sanscrit. De plus, quelle que soit sa valeur théorique et l'époque de sa composition, la Bhagavad-gîtâ contient l'essence même de la philosophie brâhmanique et nous fait entrer de plain-pied dans la connaissance de l'Inde : car dans l'Inde ce poëme est vénéré à l'égal des Livres saints; divisé en dix-huit lectures, il est l'objet des méditations quotidiennes des personnes pieuses.

— *Le Dictionnaire*, qui est le troisième ouvrage indispensable à tout étudiant, formera aussi la troisième partie de notre œuvre. Aux personnes qui, n'ayant entre les mains que des Lexiques incomplets, et ne pouvant se procurer le grand ouvrage de Wilson, nous pressent de faire paraître notre Dictionnaire, nous répondons qu'il est sur le métier, mais que cet ouvrage de longue haleine demande un certain temps, si l'on ne veut pas qu'il se montre trop incomplet, et s'il doit répondre au besoin public. Il faut songer aussi qu'il existait bien des grammaires sanscrites avant notre Méthode, mais qu'il n'existe à vrai dire aucun dictionnaire classique du sanscrit.

Avec ces trois ouvrages, les Français seront en possession de tout ce qui est nécessaire pour apprendre les éléments de la langue sanscrite. Pour abréger cet apprentissage, nous avons adopté la *transcription européenne* de l'écriture dêvanâgarie, et la *séparation des mots*. Nous donnons ci-après le tableau des signes transcriptifs tel qu'il est exposé dans le Journal Asiatique (Année 1860, annexe au cahier 60), persuadés que ce tableau ne tardera pas à avoir force de loi, au moins parmi les indianistes français qui désirent le progrès de la science. L'écriture dêvanâgarie est, de l'aveu de tous, très-longue et très-difficile à apprendre; mais quand on connaît déjà la langue sanscrite avec ses formes et ses constructions, on lit cette écriture comme en se jouant : il faut donc commencer par apprendre la langue; l'écriture viendra après; c'est d'ailleurs l'ordre de la nature.

Quant à la séparation des mots, elle était déjà hautement réclamée par Lassen et Schlegel; elle a été mise en pratique par les orientalistes les plus célèbres; rien n'est plus propre à abréger l'étude du sanscrit. Dans les manuscrits et dans beaucoup de textes imprimés, les mots sont unis, sans aucun signe de ponctuation, de manière que souvent les vers ou les phrases semblent ne former qu'un seul mot. Si l'on offrait à un Français, je ne dirai pas Homère ou Virgile, mais Racine ou Bossuet, imprimés de cette manière, il ne les comprendrait pas. Que sera-ce, si le livre qu'on lui présente sous cette forme est composé dans une langue étrangère, difficile à comprendre, et écrit en caractères entièrement nouveaux pour lui? La séparation des mots complète le système de la transcription : elle met sous les yeux, de la manière la plus nette, les analogies du sanscrit avec le grec et le latin; elle fait voir la construction des phrases; elle en facilite l'intelligence : elle abrège donc l'étude du sanscrit. Celui qui a appris cette langue dans un texte ainsi présenté, se trouve armé de toutes pièces pour aborder les textes originaux et les manuscrits.

Comment la séparation des mots est-elle pratiquée dans ce livre? — Quand le mot sanscrit finit par une consonne, sa séparation se fait d'elle-même et n'est sujette à aucune objection. — Quand le premier mot finit et que le second mot commence par une voyelle, il en résulte en dèvanâgari une voyelle longue ou une diphthongue. Pour opérer la résolution de ces signes en leurs éléments, nous avons supposé que l'étudiant connaît les lois d'euphonie telles qu'elles sont exposées dans notre Méthode, et qu'il sait scander un vers; à ces conditions, la contraction des voyelles séparées peut se refaire d'elle-même, et le retour de la transcription à l'écriture originale est toujours facile.

Quant aux mots composés, ils ne doivent pas plus être divisés que les composés grecs ou latins. Toutefois il y a en sanscrit ce que l'on nomme des composés de juxtaposition, dans lesquels les mots composants dépendent tous du dernier sans avoir entre eux aucun lien de dépendance. Nous avons divisé incomplétement ces mots par des traits-d'union; ce n'est qu'en approchant de la fin du poëme, là où nous supposons l'étudiant suffisamment exercé, que nous traitons ces mots comme les composés ordinaires et que nous les donnons dans leur intégrité.

Tels sont les moyens principaux que nous proposons pour vulgariser la connaissance du sanscrit, et par lui celle de l'Inde et de l'Orient presque entier. Nous les présentons avec confiance à toute personne désireuse de s'instruire, comme offrant une méthode très-sûre et très-expéditive. Ils nous avaient été conseillés par

Eugène Burnouf; nous les avons employés nous-même et nous en avons reconnu la valeur.

Mais, disons-le, ces moyens ne pourront avoir toute leur puissance que le jour où, n'étant plus seulement appliqués à des études individuelles dans le travail solitaire du cabinet, ils seront pratiqués publiquement dans des chaires fondées par l'Etat, et mis par l'enseignement officiel à la portée de tous. A partir seulement de ce jour, la France entrera de plain-pied dans la voie où d'autres nations européennes l'ont devancée.

Puissent nos modestes travaux hâter, pour leur faible part, l'arrivée de ce jour!

TABLEAU DE TRANSCRIPTION

pour l'alphabet sanscrit.

	TRANSCRIPTION.	LETTRES sanscrites.	PRONONCIATION.
VOYELLES BRÈVES.	*a*	अ	*a*
	i	इ	*i*
	u	उ	*ou*
	r̥	ऋ	*ri*
	l̥	ऌ	*li*
VOYELLES LONGUES.	*â*	आ	*â*
	î	ई	*î*
	û	ऊ	*oû*
	r̥̂	ॠ	*rî*
	l̥̂	ॡ	*lî*
	ê	ए	*ê (ai)*
	ô	ओ	*ô (au)*
DIPHTHONGUES.	*æ*	ऐ	*ay*
	œ	औ	*a͡ou*

	TRANSCRIPTION.	LETTRES sanscrites.	PRONONCIATION.
CONSONNES GUTTURALES.	*ka*	क	*ka*
	k̔a	ख	*kha*
	ga	ग	*ga*
	g̔a	घ	*gha*
	γ̇a	ङ	*nga*
CONSONNES PALATALES.	*ċa*	च	*tcha*
	c̔a	छ	*tchha*
	j̇a	ज	*dja*
	j̔a	झ	*djha*
	ña	ञ	*ña*
CONSONNES CÉRÉBRALES.	*ṭa*	ट	*ta*
	ṭ̔a	ठ	*tha*
	ḍa	ड	*da*
	ḍ̔a	ढ	*dha*
	ṇa	ण	*na*

	TRANSCRIPTION.	LETTRES sanscrites.	PRONONCIATION.
CONSONNES DENTALES.	*ta*	त	*ta*
	t̔a	थ	*tha*
	da	द	*da*
	d̔a	ध	*dha*
	na	न	*na*
CONSONNES LABIALES.	*pa*	प	*pa*
	p̔a	फ	*pha*
	ba	ब	*ba*
	b̔a	भ	*bha*
	ma	म	*ma*
SEMIVOYELLES.	*ya*	य	*ya*
	ra	र	*ra*
	la	ल	*la*
	va *wa*	व	*va* *oua*
SOUFFLES.	*ça*	श श	*ça*
	śa	ष	*cha*
	sa	स	*sa*
	ha	ह	*ha*

	TRANSCRIPTION.	LETTRES sanscrites.	PRONONCIATION.
SIGNES SUPÉRIEURS.	*ê*	े	*ê*
	æ	ै	*ay*
	r	र्‍	*r*
	ṅ ṃ	*anu-swâra.*	*n, m*
SIGNES JUXTAPOSÉS.	*ô*	ो	*ô*
	æ	ौ	*aou*
	i	ि	*i*
	î	ी	*î*
	ḥ	: Visarga.	*s* insensible
	'	ऽ	Apostrophe.
SIGNES INFÉRIEURS.	*u*	ु	*u*
	û	ू	*û*
	ṛ	ृ	*ri*
	ṝ	ॄ	*rî*
	ḷ	ॢ	*li*
	ḹ	ॣ	*lî*

NOTA. Les voyelles $\underset{i}{r}$, $\underset{i}{l}$, et leurs longues, doivent être distinguées des syllabes *ri*, *li*, रि, ल्लि.

Le signe *ñ* que nous donnons pour équivalent à la nasale palatale ञ, est le *ñ* des Espagnols, c'est-à-dire le *gn* français d'*agneau*, *compagnie*.

Le *t* aspiré ne se prononce jamais comme le *th* anglais, mais franchement comme dans *théâtre*.

Le *p* aspiré ne se prononce pas *f*, mais comme dans l'anglais *haphazard*, où l'on sépare *hap* et *hazard*.

L'aspirée *ś* vaut *sh*, et se prononce toujours *ch* comme dans *chagrin*, *chemin*.

L'anuswâra *ń* ou *ṃ* se prononce comme un *n* sourd ou comme l'*m* nasal du midi de la France.

ÉCRITURE.

VOYELLES.

अ	आ	इ	ई	उ	ऊ	ऋ	ॠ	ऌ	ॡ
a	*â*	*i*	*î*	*u*	*û*	*ṛ*	*ṛ̂*	*ḷ*	*ḷ̂*
ए	ऐ	ओ	औ						
ê	*æ*	*ô*	*ꜵ*						

CONSONNES.

क	ख	ग	घ	ङ
ka	*k'a*	*ga*	*ġa*	*γ̇a*
च	छ	ज	झ	ञ
ća	*c̈a*	*j́a*	*j̈a*	*ña*
ट	ठ	ड	ढ	ण
ṭa	*ṭ'a*	*ḍa*	*ḍ'a*	*ṇa*
त	थ	द	ध	न
ta	*t'a*	*da*	*d'a*	*na*
प	फ	ब	भ	म
pa	*p'a*	*ba*	*b'a*	*ma*
य	र	ल		व
ya	*ra*	*la*		*va* ou *wa*
श	ष्य	ष	स	
ça		*śa*	*sa*	
ह				
ha				

GROUPES.

ক্   ক্ক ক্চ ক্ত ক্ত্য ক্ত্র ক্ত্র্য ক্ত্ব ক্ন ক্ন্য
k   *kka kća kta ktya ktra ktrya ktwa kna knya*

ক্ম ক্য ক্র ক্র্য ক্ল ক্ব ক্ষ
kma kya kra krya kla kva kśa (x́a)

খ   খ্ন খ্র খ্ব
Ḱ   *ḱna ḱra ḱva*

গ   গ্গ গ্ন গ্র
g   *gga gna gra*

ঘ   ঘ্ন ঘ্ন্য ঘ্র ঘ্ল
ġ   *ġna ġnya ġra ġla*

ঙ   ঙ্ক ঙ্ক্ন ঙ্ক্য ঙ্ক্ষ ঙ্খ ঙ্গ ঙ্ঙ ঙ্ম
ṅa   *ṅka ṅkna ṅkya ṅx́a ṅḱa ṅga ṅṅa ṅma*

ঙ্ঘ ঙ্য
ṅġa ṅya

চ   চ্চ চ্ঞ চ্র চ্ব
ć   *ćća ćña ćra ćva*

ছ   ছ্ম ছ্য ছ্র ছ্ব
c̋a   *c̋ma c̋ya c̋ra c̋va*

জ   জ্ঞ জ্র জ্জ
j   *jña jra jja*

ঞ   ঞ্চ ঞ্জ ঞ্ঞ
ñ   *ñća ñja ñña*

ट ट्क ट्ट ट्ट्स ट्प ट्म ट्श ट्स ट्य
ṭa ṭka ṭṭa ṭṭsa ṭpa ṭma ṭśa ṭsa ṭya

ठ ठ्म ठ्य
ṭ̔a ṭ̔ma ṭ̔ya

ड ड्ग ड्ड ड्ढ ड्भ ड्य
ḍa ḍga ḍḍa ḍḍ̔a ḍb̔a ḍya

ढ ढ्ण ढ्म ढ्य
ḍ̔a ḍ̔ṇa ḍ̔ma ḍ̔ya

ण ण्ण
ṇ ṇṇa

त त्त त्र त्व त्त्र त्त्व त्न
t tta tra tva ttra ttva tna

थ थ्व
t̔ t̔va

द द्ग द्ग्र द्ग्य द्घ द्घ्र द्द द्द्र द्द्व
d dga dgra dgya dg̔a dg̔ra dda ddra ddva

द्ध द्ध्न द्ध्व द्ध्य द्न द्ब द्ब्र
dd̔a dd̔na dd̔va dd̔ya dna dba dbra

द्भ द्भ्य द्भ्र द्म द्य द्र द्र्य द्व
db̔a db̔ya db̔ra dma dya dra drya dva

द्व्य द्व्र
dvya dvra

ध ध्न ध्र ध्व
d̔ d̔na d̔ra d̔va

न	न्त	न्त्र	न्त्र्य	न्त्वा	न्न	न्र	न्व
n	*nta*	*ntra*	*ntrya*	*ntvā*	*nna*	*nra*	*nva*
प	प्त	प्न	प्र	प्ल	प्व	प्व्य	
p	*pta*	*pna*	*pra*	*pla*	*pva*	*pvya*	
फ	फ्म	फ्य					
p'a	*p'ma*	*p'ya*					
ब	ब्र						
b	*bra*						
भ	भ्र						
b'	*b'ra*						
म	म्न	म्र	म्ल	म्व			
m	*mna*	*mra*	*mla*	*mva*			
र	रु	रू					
ra	*ru*	*rû*					
ल	ल्न	ल्ल					
l	*lna*	*lla*					
व	व्र	व्ल	व्व				
v	*vra*	*vla*	*vva*				
श	श्च	श्न	श्र	श्ल	श्व		
ç	*çća*	*çna*	*çra*	*çla*	*çva*		
ष	ष्ट	ष्ट्य	ष्ठ	ष्ठ्य	ष्ण	ष्व	
ṡ	*ṡṭa*	*ṡṭya*	*ṡṭ'a*	*ṡṭ'ya*	*ṡṇa*	*ṡva*	
स	स्त्र	स्न	स्र	स्ल	स्व		
s	*stra*	*sna*	*sra*	*sla*	*sva*		

ह्न ह्रु ह्रू हृ हॄ ह्य ह्ण ह्न ह्म
h hu hû hṛ hṝ hya hṇa hna hma

ह्र ह्र्य ह्ल ह्व ह्व्य
hra hrya hla hva hvya

SIGNES DIVERS.

ा *â* ि *i* ी *î* ु *u* ू *û* ृ *ṛ* ॄ *ṝ* े *ê* ै *æ*

ो *ô* ौ *ǽ* *anuswâra* ं *ṃ ń* *anunâsika* ँ *m ń*

— *virâma* ् — *visarga* : ः — *apostrophe* ऽ

CHIFFRES. * Selector

१ २ ३ ४ ५ ६ ७ ८ ९ ०
1 2 3 4 5 6 7 8 9 0

*Comp - Variantes : Fick Richard - Gr - Sansk -
Kellner - Savitri -
" Sanskr - Sprache
Besant Bh. das - Gitâ - } Table Réf. Gîtâ
Tilak " } Versets -

EXEMPLE D'ÉCRITURE.

न विस्मयेत तपसा वदेदिष्ट्वा च नानृतं ।

Na vismayêta tapasâ, vadêd iṣṭwâ ća nânṛtaṃ ;

नार्त्तोऽप्यपवदेद्विप्रान् न दत्वा परिकीर्त्तयेत् ॥ 1

Nârttô 'py apavadêd viprân; na datwâ parikîrttayêt ;

धर्मं शनैः सञ्चिनुयाद्वल्मीकमिव पुत्तिकाः ।

Ḋarmaṃ çanæs sañćinuyâd valmîkam iva puttikâs ;

परलोकसहायार्थं सर्वभूतान्यपीडयन् ॥ 2

Paralôkasahâyâr'taṃ sarvab'ûtâny apîḍayan.

नामुत्र हि सहायार्थं पिता माता च तिष्ठतः ।

Nâmutra hi sahâyâr'taṃ pitâ mâtâ ća tiṣṭatas

न पुत्रदारं न ज्ञातिर्धर्मस्तिष्ठति केवलः ॥ 3

Na putradâraṃ na jñâtir, ḋarmas tiṣṭati kêvalâs.

एकः प्रजायते जन्तुरेक एव प्रलीयते ।

Êkas prajâyatê jantur, êka êva pralîyatê ;

एकोऽनुभुङ्क्ते सुकृतमेक एव च दुष्कृतं ॥ 4

Êkô 'nub'uṅktê sukṛtam, êka êva ća duṣkṛtaṃ.

मृतं शरीरमुत्सृज्य काष्ठलोष्टसमं क्षितौ ।

Mṛtaṃ çarîram utsṛjya kâṣṭalôṣṭasamaṃ xitæ

विमुखा बान्धवा यान्ति धर्मस्तमनुगच्छति ॥ 5

Vimuk'â bân̆davâ yânti ; d̆armas tam anugac̈c̈ati.

तस्माद्धर्मं सहायार्थं नित्यं सञ्चिनुयाच्छनैः ।

Tasmâd d̆armam̩ sahâyârtam̩ nityam̩ sañcinuyâc [cânæs ;]

धर्मेण हि सहायेन तमस्तरति दुस्तरं ॥ 6

D̆armêṅa hi sahâyêna tamas tarati dustaram̩.

धर्मप्रधानं पुरुषं तपसा हतकिल्बिषं ।

D̆armapraḋânam̩ puruśam̩, tapasâ hatakilviśam̩,

परलोकं नयत्याशु भास्वन्तं खशरीरिणं ॥ 7

Paralôkam̩ nayaty âçu b̆âswantam̩ k̆açarîriṅam̩.

Lois de Manû IV. 236.

TRADUCTION.

1 Qu'il ne soit pas fier de ses austérités, et qu'après avoir sacrifié, il ne profère pas un mensonge ; qu'il n'insulte pas les brâhmanes, même blessé par eux ; après avoir fait un don, qu'il ne le publie pas.

2 Qu'il accroisse peu à peu sa justice, comme les fourmis blanches leur habitation ; évitant d'affliger aucun être vivant, de peur de s'en aller seul dans l'autre monde.

3 Car son père et sa mère, son fils, sa femme et ses parents, ne l'y escorteront pas ; la justice seule est là.

4 L'homme naît seul, meurt seul, reçoit seul la récompense de ses bonnes œuvres, et seul la punition de ses méfaits.

5 Abandonnant le corps mort à la terre, comme un morceau de bois ou une motte d'argile, les parents de l'homme détournent la tête et s'en vont; mais la justice le suit.

6 Qu'il augmente donc sans cesse peu à peu sa justice, pour ne pas s'en aller seul; car, escorté par la justice, l'homme franchit les infranchissables ténèbres.

7 L'homme qui, préférant à tout la justice, a détruit le péché par la pénitence, bientôt, brillant de lumière et revêtu d'un corps glorieux, est porté dans le monde céleste.

॥ ओं ॥

ÔM !

ADORATION !

॥ श्रीभगवद्गीता ॥

LE DIVIN
CHANT
DU BIENHEUREUX

॥ श्रीभगवद्गीता ॥

ÔM !

I.

Ḍṛtarâśtra uvâća :

Ḍarmaẋêtrê Kuruẋêtrê
samavêtâ, yuyutsavaḥ,
Mâmakâḥ Pâṇḍavaç ća êva
kim akurvata, Sañjaya? 1.

Sañjaya uvâća :

Ḍṛstwâ tu Pâṇḍavânîkaṃ
vyûḍaṃ, Duryôḍanas tadâ
Âćâryam upasaṅgamya
râjâ, vaćanam abravît : 2.
Paçya êtâm Pâṇḍuputrâṇâm,
âćârya, mahatîṃ ćamûṃ
Vyûḍâṃ Ḍrupadaputrêna,
tava çiśyêna, ḍîmatâ. 3.

LA BHAGAVAD GÎTÂ

ÔM !

I.

TROUBLE D'ARJUNA.

Dhritarâshtra.

Nos soldats et les fils de Pându, rassemblés pour combattre dans le champ saint de Kuruxétra, qu'ont-ils fait, Sanjaya ?

Sañjaya.

A la vue de l'armée des Pândus rangés en bataille, le roi Duryôdhana s'approcha de son maître et lui dit :

« Vois, mon maître, la grande armée des fils de Pàndu rangée en ligne par ton disciple, le fils habile de Drupada.

Atra çûrâ mahêṡwâsâ,
 B'îmârjunasamâ yudi :
Yuyudânô, Virâṭaç ća,
 Drupadaç ća mahâraṫas, 4.
Dṛṡṫakêtuç, Ćêkitânas,
 Kâçirâjaç ća vîryavân,
Purujit, Kuntibôjaç ća,
 Çævyaç ća narapuṅgavas, 5.
Yudâmanyuç ća vikrânta,
 Uttamæjâç ća vîryavân,
Sæbadrô Dræpadêyâç ća,
 sarva êva mahâraṫâs. 6.
Asmâkaṃ tu viçista yê,
 tân nibôda, dwijôttama,
Nâyakâ mama sænyasya ;
 sañjñârtam tân bravîmi tê : 7.
B'avân, B'îṡmaç ća, Karṇaç ća,
 Kṛpaç ća samitiñjaya,
Açwaṫṫâmâ, Vikarṇaç ća,
 Sæmadattis taṫâ êva ća, 8.
Anyê ća bahavas çûrâ
 madarṫê tyaktajîvitâs,
Nânâçastrapraharaṇâs,
 sarvê yuddaviçâradâs. 9.
Aparyâptaṃ tad asmâkam
 balam B'îṡmâbiraxitam ;
Paryâptaṃ tu idam êtêṡâm
 balam B'îmâbiraxitam. 10.

Là sont des héros aux grands arcs, tels que Bhîma et Arjuna dans la bataille, Yuyudhâna, Virâta et Drupada au grand char,

Drishtakêta, Tchêkitâna et le vaillant roi de Kâci, Purujit, Kuntibôja et le prince Çævya,

Le valeureux Yudhâmanyu et l'héroïque Uttamæojas, les fils de Subhadrâ et de Dræpadi, tous montés sur de grands chars.

Regarde aussi les meilleurs des nôtres, ô excellent brâhmane ; je vais te nommer ces chefs de mon armée, pour te faire souvenir d'eux :

Toi d'abord, puis Bhîshma, Karna et Kripa le victorieux, Açvatthâma, Vikarna, le fils de Sômadatta,

Et tant d'autres héros qui pour moi livrent leur vie ; ils combattent de toutes armes et tous connaissent la guerre.

Sous la conduite de Bhîshma nous avons une armée innombrable ; mais la leur, à laquelle Bhîma commande, peut être comptée.

Ayanêšu ća sarvêšu
yat'â b'âgam avast'itâḥ,
B'îšmam êva ab'iraxantu
bavantaḥ sarva êva hi. 11.
Tasya sañjanayan harsaṃ,
Kuruvṛd'd'aḥ pitâmahaḥ,
Siṅhanâdam vinadya uććæḥ,
çaṅk'aṃ dad'mæ pratâpavân. 12.
Tataḥ çaṅk'âç ća, b'êryaç ća,
paṇava-ânaka-gômuk'âḥ
Sahasâ êva ab'yahanyanta
sa çabdas tumulô' b'avat. 13.
Tataḥ çwêtær hayær yuktê
mahati syandanê st'itæ,
Mâd'avaḥ Pâṇḍavaç ća êva
divyæ çaṅk'æ pradad'matuḥ: 14.
Pâñćajanyam Hṛšîkêçô,
Dêvadattaṃ d'anañjayaḥ;
Pæṇḍraṃ dad'mæ mahâçaṅk'aṃ
b'îmakarmâ Vṛkôdaraḥ; 15.
Anantavijayaṃ râjâ
Kuntîputrô Yud'išt'iraḥ;
Nakulaḥ Sahadêvaç ća
Sug'ôša-maṇipušpakæ. 16.
Kâçyaç ća paramêswâsaḥ,
Çik'aṇḍî ća mahârat'aḥ,

Que chacun de vous, dans les rangs, garde la place qui lui est échue, et tous défendez Bhîshma. »

Pour animer les cœurs, le grand aïeul des Kurus poussa un cri semblable au rugissement du lion et sonna de la conque.

Et aussitôt conques, fifres, tymbales et tambours résonnent avec un bruit tumultueux.

Alors, debout sur un grand char attelé de chevaux blancs, le meurtrier de Madhû et le fils de Pându enflèrent leurs conques célestes.

Le guerrier aux cheveux dressés enflait la Gigantesque ; le héros vainqueur des richesses la Divine ; Bhîma Ventre-de-Loup, aux œuvres terribles, enflait la grande conque de Roseau ;

Le fils de Kuntî, Yudhishthira, tenait la Triomphante ; Nakula et Sahadêva portaient la Mélodieuse et la Trompe de pierreries et de fleurs ;

Le roi de Kâçi au bel arc et Çikhandin au

Ḋṛṡtadyumnô, Virâṭaç ća,
Sâtyakiç ca aparâjitas 17.
Drupadô, Drœpadêyâç ća
sarvaças, pṛtivîpatê,
Sœḃadraç ća mahâvâhus
çaṅk'ân daḋmus pṛtak pṛtak. 18.
Sa ġôṡô Ḋârtarâṡtrânâṃ
hṛdayâni vyadârayat,
Naḃaç ća pṛtivîṃ ća êva
tumulô vyanunâdayan. 19.
Ata vyavastitân dṛṡtwâ
Ḋârtarâṡtrân kapiḋwajas,
Pravṛttê çastrasampâtê,
ḋanur udyamya Pâṇḍavas 20.
Hṛṡîkêçô tadâ vâkyam
idam âha, mahîpatê :
« *Sênayôr uḃayôr maḋyê*
ratam stâpaya mê 'ćyuta, 21.
» *Yâvad êtân nirîxê 'haṃ*
yôḋḋukâmân avastitân,
» *Kær mayâ saha yôḋḋavyam*
asmin raṇasamudyamê. 22.
» *Yôtsyamânân avêxê 'haṃ*
ya êtê 'tra samâgatas,
» *Ḋârtarâṡtrasya durbuḋḋêr*
yuḋḋê priyaćikîrṡavas. » 23.

grand char, Drishtadyuma, Virâta et Sâtyaki l'invincible,

Drupada et tous les fils de Drœpadî, et les fils de Subhadrâ, aux grands bras, enflèrent chacun leur conque.

Ce bruit, qui déchirait les cœurs des fils de Dhritarâshtra, faisait retentir le ciel et la terre.

Alors les voyant rangés en bataille, et quand déjà les traits se croisaient dans l'air, le fils de Pându dont l'étendard porte un singe, prit son arc,

Et dit à Krishna : « Arrête mon char entre les deux armées,

Pour que je voie contre qui je dois combattre dans cette lutte meurtrière,

Et pour que je voie quels sont ceux qui se sont rassemblés ici prenant en main la cause du criminel fils de Dhritarâshtra. »

Sañjaya uvâća :

Evam uktô Hṛṣîkêçô
Guḍâkêçêna, B'ârata,
Sênayôr ub'ayôr mad'yê
st'âpayitwâ rat'ôttamam, 24.
B'îṣma-drôṇapramuk'ataḥ
sarvêṣâm ća mahîxitâm,
Uvâća : « Pâr't'a, paçya êtân
samavêtân Kurûn » iti. 25.
Tatra apaçyat st'itân Pâr't'aḥ
pitṝn, at'a pitâmahân,
Âćâryân, mâtulân, b'râtṝn,
putrân, pœtrân, sak'îṅs tat'â, 26.
Çwaçurân, suhṛdaç ća êva
sênayôr ub'ayôr api.
Tân samîxya sa Kœntêyaḥ
sarvân band'ûn avast'itân, 27.
Kṛpayâ parayâ viṣṭô,
viṣîdann idam abravît :

Arjuna uvâća :

Dṛṣṭwâ imaṃ swajanaṃ, Kṛṣṇa,
yuyutsuṃ samupast'itam, 28.
Sîdanti mama gâtrâṇi,
muk'aṃ ća pariçuṣyati,
Vêpat'uç ća çarîrê mê,
rômaharṣaç ća jâyatê; 29.

Sañjaya.

Interpellé de la sorte par Arjuna, Krishna, à la chevelure hérissée, arrêta le beau char entre les deux fronts de bataille ;

Et là, en face de Bhîshma, de Drôna et de tous les gardiens de la terre, il dit : « Prince, vois ici réunis tous les Kurus. »

Arjuna vit alors devant lui pères, aïeux, précepteurs, oncles, frères, fils, petits-fils, amis,

Gendres, compagnons, partagés entre les deux armées. Quand il vit tous ces parents prêts à se battre, le fils de Kuntî,

Émů d'une extrême pitié, prononça douloureusement ces mots :

Arjuna.

O Krishna, quand je vois ces parents désireux de combattre et rangés en bataille,

Mes membres s'affaissent et mon visage se flétrit ; mon corps tremble et mes cheveux se dressent ;

Gâṇḍîvaṃ sraṅsatê hastât,
twak ća êva paridahyatê,
Na ća çaknômy avasŧâtuṃ,
ƀramati iva ća mê manaṡ. 50.

Nimittâni ća paçyâmi
viparîtâni, Kêçava,
Na ća çrêyô 'nupaçyâmi
hatwâ swaǰanam âhavê. 51.

Na kâṅxê viǰayaṃ, Kṛṣṇa,
na ća râǰyaṃ, suꝁâni ća;
Kiṃ nô râǰyêna, Gôvinda,
kiṃ ƀôgær, ǰîvitêna vâ? 52.

Yêṣâṃ arŧê kâṅxitaṃ nô
râǰyaṃ, ƀôgâṡ, suꝁâni ća,
Ta imê 'vasŧitâ yuđđê
prâṇaṅs tyaktwâ đanâni ća, 53.

Aćâryâṡ, pitaraṡ, putrâs,
taŧâ êva ća pitâmahâṡ,
Mâtulâṡ, çwaçurâṡ, pœtrâṡ,
çyâlâṡ, sambanđinas taŧâ. 54.

Êtân na hantum iććâmi,
ǵnatô 'pi, Mađusûdana,
Api træ lôkyarâǰyasya
hêtôṡ; kiṃ nu mahîkṛtê? 55.

Nihatya Đârtarâṣṭrân naṡ
kâ prîtiṡ syâǰ, ǰanârdana?
Pâpam êva âçrayêd asmân
hatwâ êtân âtatâyinaṡ. 56.

Mon arc s'échappe de ma main, ma peau devient brûlante, je ne puis me tenir debout et ma pensée est comme chancelante.

Je vois de mauvais présages, ô guerrier chevelu, je ne vois rien de bon dans ce massacre de parents.

O Krishna, je ne désire ni la victoire, ni la royauté, ni les voluptés; quel bien nous revient-il de la royauté? quel bien, des voluptés ou même de la vie?

Les hommes pour qui seuls nous souhaiterions la royauté, les plaisirs, les richesses, sont ici rangés en bataille, méprisant leur vie et leurs biens :

Précepteurs, pères, fils, aïeux, gendres, petits-fils, beaux-frères, alliés enfin.

Dussent-ils me tuer, je ne veux point leur mort, au prix même de l'empire des trois mondes; qu'est-ce à dire, de la terre?

Quand nous aurons tué les fils de Dhritarâshtra, quelle joie en aurons-nous, ô guerrier? Mais une faute s'attachera à nous si nous les tuons, tout criminels qu'ils sont.

Tasmân na arhâ vayaṃ hantuṃ
Ḋârtarâṣṭrân sabânđavân;
Svaǰanaṃ hi kaťaṃ hatwâ
suḱinaṡ syâma, Mâđava? 37.
Yady apy êtê na paçyanti
lôƀôpahataćêtasaṡ
Kulaẋayakṛtaṃ dôŝam,
mitradrôhê ća pâtakaṃ; 38.
Kaťaṃ na ǰñêyam asmâƀiṡ
pâpâd asmân nivartituṃ,
Kulaẋayakṛtaṃ dôŝam
prapaçyadƀir, ǰanârdana? 39.
Kulaẋayê praṇaçyanti
kulađarmâṡ sanâtanâṡ;
Ḋarmê naŝṭê, kulaṃ kṛtsnam
ađarmô 'ƀiƀavaty uta; 40.
Ađarmâƀiƀavât, Kṛŝṇa,
pradusyanti kulastriyaṡ;
Strîŝu duŝṭâsu, Vârŝṇêya,
ǰâyatê varṇasaγ̇karaṡ; 41.
Saγ̇karô narakâya êva
kulağnânâṃ kulasya ća
Patanti pitarô hy êŝâṃ
luptapiṇḍôdakakriyâṡ. 42.
Dôŝær êtæṡ kulağnânâṃ
varṇasaγ̇karakârakæṡ
Utsâdyantê ǰâtiđarmâṡ
kulađarmâç ća çâçwataṫâṡ; 43.

Il n'est donc pas digne de nous de tuer les fils de Dhritarâshtra, nos parents : car en faisant périr notre famille, comment serions-nous joyeux, ô Mâdhava ?

Si, l'âme aveuglée par l'ambition, ils ne voient pas la faute qui accompagne le meurtre des familles et le crime de sévir contre des amis,

Est-ce que nous-mêmes ne devons pas nous résoudre à nous détourner de ce péché, quand nous voyons le mal qui naît de la ruine des familles ?

La ruine d'une famille cause la ruine des religions éternelles de la famille ; les religions détruites, la famille entière est envahie par l'irréligion ;

Par l'irréligion, ô Krishna, les femmes de la famille se corrompent ; de la corruption des femmes, ô Pasteur, naît la confusion des castes ;

Et, par cette confusion, tombent aux enfers les pères des meurtriers et de la famille même, privés de l'offrande des gâteaux et de l'eau.

Ainsi, par ces fautes des meurtriers des familles, qui confondent les castes, sont détruites les lois religieuses éternelles des races et des familles;

Utsannakulad̓armâṇâm
manuṡyâṇâm, janârd̓ana,
Narakê niyataṃ vâsô
b̓avati; ity anuçuçruma. 44.
Ahôvata! mahat pâpaṃ
kartuṃ vyavasitâ vayaṃ,
Yad râjyasuk̓alôb̓êna
hantuṃ swajanam udyatâḥ. 45.
Yadi mâm apratîkâram,
açastraṃ, çastrapâṇayaḥ
D̓ârtarâṡtrâ râṇê hanyus,
tan mê xêmataram b̓avêt. 46.

Sañjaya uvâća:

Êvam uktwâ Arjunaḥ saṅk̓yê
rat̓ôpast̓a upâviçat,
Visṛjya saçaraṃ ćâpaṃ
çôkasaṃvignamânasaḥ. 47.

Iti Çrîb̓agavadgîtâs upaniṡatsu brahmavidyâyâṃ yôgaçâstrê Çrîkṛṡṇârjunasaṃvâdê Arjunaviṡâdô nâma prat̓amô 'd̓yâyaḥ.

Et quant aux hommes dont les sacrifices de famille sont détruits, l'enfer est nécessairement leur demeure. C'est ce que l'Ecriture nous enseigne.

Oh ! nous avons résolu de commettre un grand péché, si par l'attrait des délices de la royauté nous sommes décidés à tuer nos proches.

Si les fils de Dhritarâshtra, tout armés, me tuaient au combat, désarmé et sans résistance, ce serait plus heureux pour moi. »

Sañjaya.

Ayant ainsi parlé au milieu des armées, Arjuna s'assit sur son char, laissant échapper son arc avec la flèche, et l'âme troublée par la douleur.

II.

Sañjaya uvâća :

Taṃ taťâ kṛpayâviśṭam,
açrupûrṇâkulêxaṇaṃ,
Viśîdantam idaṃ vâkyam
uvâća Maďusûdanaḥ : 1.

Çrîbagavân uvâća :

Kutas twâ kaçmalam idaṃ
viśamê samupasťitaṃ,
Anâryajuśṭam, aswargyam,
akîrtikaram, Arjuna? 2.
Klævyam mâsma gamaḥ, Pârťa,
na ětat twayy upapadyatê;
Xudraṃ hṛdayadærbalyaṃ
tyaktwâ uttiśṭa, parantapa. 3.

Arjuna uvâća :

Kaťam B'îśmam aham saṅkyê
Drônaṃ ća, Maďusûdana,
Iśuďiḥ pratiyôtsyâmi
pûjârhâw, arisûdana? 4.
Gurûnahatwâ hi mahânuďâvân
çrêyô ďôktum ďæxyam api iha lôkê;
Hatwâ arťakâmâṅs tu gurûn iha êva
ďuñjîya ďôgân ruďirapradigďân. 5.

II.

YOGA DE LA SCIENCE RATIONNELLE.

Sañjaya.

Tandis que, troublé par la pitié et les yeux pleins de larmes, Arjuna se sentait défaillir, le meurtrier de Madhu lui dit :

Le Bienheureux Krishna.

D'où te vient, dans la bataille, ce trouble indigne des Aryas, qui ferme le ciel et procure la honte, Arjuna ?

Ne te laisse pas amollir ; cela ne te sied pas ; chasse une honteuse faiblesse de cœur, et lève-toi, destructeur des ennemis.

Arjuna.

O meurtrier de Madhu, comment dans le combat lancerai-je des flèches contre Bhîshma et Drôna, eux à qui je dois rendre honneur ?

Plutôt que de tuer des maîtres vénérables, il vaudrait mieux vivre en ce monde de pain mendié ; mais si je tuais même des maîtres avides, je vivrais d'un aliment souillé de sang.

Na ća êtad vidmaḥ kataraṃ nô garîyô
yad vâ jayêma, yadi vâ nô jayêyuḥ ;
Yân êva hatwâ na jijîviṡâmas
tê 'vaṡt̔itâḥ pramuk̔ê D̔ârtarâṡtrâḥ. 6.
Kârpaṇya-dôṡôpahataswab̔âvaḥ
pṛćć̔âmi twâṃ d̔armasammûḍaćêtâḥ,
Yać ć̔rêyaḥ syân niççitam ; brûhi tan mê ;
çiṡyas tê 'ham ; çâd̔i mâṃ twâm prapannaṃ. 7.
Na hi prapaçyâmi mama apanudyâd
yać ć̔ôkam ućć̔ôṡaṇam indriyâṇâṃ,
Avâpya b̔umâw asapatnam ṛd̔d̔aṃ
râjyaṃ, surâṇâm api ća ad̔ipatyaṃ. 8.

Sañjaya uvâća :

Evam uktwâ Hṛṡîkêçaṃ
Guḍâkêçaḥ, parantapa,
« Na yôtsya » iti Gôvindam
uktwâ tûṡṇîm bab̔ûva ha. 9.
Tam uvâća Hṛṡîkêçaḥ
prahasann iva, B̔ârata,
Sênayôr ub̔ayôr mad̔yê
viṡîdantaṃ, idaṃ vaćaḥ. 10.

Çrîb̔agavân uvâća :

Açôćyân anwaçôćas twam,
prajñâvâdâṅç ća b̔âṡasê :

Nous ne savons lequel vaut mieux de les vaincre ou d'être vaincus par eux. Car nous avons devant nous des hommes dont le meurtre nous ferait haïr la vie : les fils de Dhritarâshtra.

L'âme blessée par la pitié et par la crainte du péché, je t'interroge : car je ne vois plus où est la justice. Quel parti vaut le mieux ? Dis-le-moi. Je suis ton disciple : instruis-moi ; c'est à toi que je m'adresse.

Car je ne vois pas ce qui pourrait chasser la tristesse qui consume mes sens, eussé-je sur terre un vaste royaume sans ennemis et l'empire même des Dieux.

Sañjaya.

Quand il eut adressé ces mots à Krishna et lui eut dit « je ne combattrai pas, » le guerrier Arjuna demeura silencieux.

Mais tandis qu'entre les deux armées il perdait ainsi courage, Krishna lui dit en souriant :

Le Bienheureux.

Tu pleures sur des hommes qu'il ne faut pas pleurer, quoique tes paroles soient celles de la

Gatâsûn agatâsûṅç ća
na anuçôćanti paṇḍitâḥ. 11.
Na tw êva ahaṃ ǰâtu na âsaṃ,
na twaṃ, na imê ǰanâďipâḥ;
Na ća êva na b́aviṡyâmaḥ
sarvê vayam ataḥ paraṃ. 12.
Dêhinô 'smin yat́â dêhê
kœmâraṃ, yœvanaṃ, ǰarâ,
Tat́â dêhântaraprâptir;
ďîras tatra na muhyati. 13.
Mâtrâsparçâs tu, Kœntêya,
çîta-uṡṇa-suḱa-duḥḱadâḥ,
Âgamâpâyinô 'nityâs:
taṅ stitixaswa, B́ârata. 14.
Yaṃ hi na vyat́ayanty êtê
puruṡam, puruṡarṡab́a,
Sama-duḥḱa-suḱaṃ, ďîraṃ,
sô 'mṛtatwâya kalpatê. 15.
Na asatô vidyatê b́âvô,
na ab́âvô vidyatê sataḥ;
Ub́ayôr api dṛṡṭô 'ntas
tw anayôs tattwadarçib́iḥ. 16.
Avinâçi tu tad viďďi
yêna sarvam idaṃ tataṃ;
Vinâçam avyayasya asya
na kaççit kartuṃ arhati. 17.
Antavanta imê dêhâ
nityasya uktâḥ çarîriṇâḥ,

sagesse. Les sages ne pleurent ni les vivants ni les morts ;

Car jamais ne m'a manqué l'existence, ni à toi non plus, ni à ces princes ; et jamais nous ne cesserons d'être, nous tous, dans l'avenir.

Comme dans ce corps mortel sont tour à tour l'enfance, la jeunesse et la vieillesse ; de même, après, l'âme acquiert un autre corps ; et le sage ici ne se trouble pas.

Les rencontres des éléments qui causent le froid et le chaud, le plaisir et la douleur, ont des retours et ne sont point éternelles. Supporte-les, fils de Kuntî.

L'homme qu'elles ne troublent pas, l'homme ferme dans les plaisirs et dans les douleurs, devient, ô Bhârata, participant de l'immortalité.

Celui qui n'est pas ne peut être, et celui qui est ne peut cesser d'être ; ces deux choses, les sages qui voient la vérité en connaissent la limite.

Sache-le, il est indestructible, Celui par qui a été développé cet univers : la destruction de cet Impérissable, nul ne peut l'accomplir ;

Et ces corps qui finissent procèdent d'une Ame

Anâçinô, 'pramêyasya;
tasmâd yuďyaswa, B'ârata. 18.
Ya ênaṃ vêtti hantâraṃ,
yaç ća ênaṃ manyatê hataṃ,
Uƀæ tæ na vijânîtô;
na ayam hanti, na hanyatê. 19.
Na jâyatê mṛyatê vâ kadâćin;
na ayam ƀûtwâ, ƀavitâ vâ na ƀûyaḣ;
Ajô, nityaḣ, çâçwatô 'yam, purâṇô,
na hanyatê hanyamânê çarîrê. 20.
Vêda avinâçinaṃ, nityaṃ,
ya ênam, ajam, avyayaṃ,
Kat̆aṃ sa purušaḣ, Pârt̆a,
kaṃ ġâtayati, hanti kam? 21.
Vâsâṅsi jîrṇâni yat̆â vihâya
navâni gṛhṇâti narô 'parâṇi,
Tat̆â çarîrâṇi vihâya jîrṇâny
anyâni saṅyâti navâni dêhî. 22.
Na ênaṃ c̈indanti çastrâṇi,
na ênaṃ dahati pâvakaḣ,
Na ća ênaṃ klêdayanty âpô,
na çôšayati mârutaḣ. 23.
Ac̈êdyô 'yam, adâhyô 'yam,
aklêdyô, 'çôšya êva ća,
Nityaḣ, sarvagataḣ, st̆âṇur,
aćalô 'yaṃ, sanâtanaḣ, 24.
Avyaktô 'yam, aćintyô 'yam,
avikâryô 'yam ućyatê;

éternelle, indestructible, immuable. Combats donc, ô Bhârata.

Celui qui croit qu'elle tue ou qu'on la tue, se trompe : elle ne tue pas, elle n'est pas tuée,

Elle ne naît, elle ne meurt jamais ; elle n'est pas née jadis, elle ne doit pas renaître ; sans naissance, sans fin, éternelle, antique, elle n'est pas tuée quand on tue le corps.

Comment celui qui la sait impérissable, éternelle, sans naissance et sans fin, pourrait-il tuer quelqu'un ou le faire tuer ?

Comme l'on quitte des vêtements usés pour en prendre de nouveaux, ainsi l'Ame quitte les corps usés pour revêtir de nouveaux corps.

Ni les flèches ne la percent, ni la flamme ne la brûle, ni les eaux ne l'humectent, ni les vents ne la dessèchent.

Inaccessible aux coups et aux brûlures, à l'humidité et à la sécheresse, éternelle, répandue en tous lieux, immobile, inébranlable,

Invisible, ineffable, immuable, voilà ses attri-

Tasmâd êvaṃ viditwâ ênaṃ
na anuçôćitum arhasi. 25.
A'ta ća ênam nityajâtaṃ
nityaṃ vâ manyasê mṛtaṃ,
Ta'tâ api twam, mahâvâhô,
na ênaṃ çôćitum arhasi. 26.
Jâtasya hi đruvô mṛtyur,
đruvaṃ janma mṛtasya ća;
Tasmâd aparihâryê 'r'tê
na twam çôćitum arhasi. 27.
Avyaktâdîni ƀûtâni,
vyaktamađyâni, B'ârata;
Avyaktanidanâny êva:
tatra kâ paridêvanâ? 28.
Âçćaryavat paçyati kaçćid ênam;
âçćaryavad vadati ta'tâ êva ća anyaḥ;
Âçćaryavać ća ênam anyaḥ çṛnôti;
çrutwâ apy ênaṃ vêda na ća êva kaçćit. 29.
Dêhî nityam avađyô 'yam
dêhê sarvasya, B'ârata;
Tasmât sarvâṇi ƀutâni
na twaṃ çôćituṃ arhasi. 30.
Swađarmam api ća avêẋya
na vikampitum arhasi;
Đarmyâd đi yuddâć çrêyô 'nyat
Ẋatriyasya na vidyatê. 31.

buts : puisque tu la sais telle, ne la pleure donc pas.

Quand tu la croirais éternellement soumise à la naissance et à la mort, tu ne devrais pas même alors pleurer sur elle :

Car ce qui est né doit sûrement mourir, et ce qui est mort doit renaître ; ainsi donc ne pleure pas sur une chose qu'on ne peut empêcher.

Le commencement des êtres vivants est insaisissable ; on saisit le milieu ; mais leur destruction aussi est insaisissable : y a-t-il là un sujet de pleurs ?

Celui-ci contemple la vie comme une merveille ; celui-là en parle comme d'une merveille ; un autre en écoute parler comme d'une merveille : et quand on a bien entendu, nul encore ne la comprend.

L'Ame habite inattaquable dans tous les corps vivants, Bhârata ; tu ne peux cependant pleurer sur tous ces êtres.

Considère aussi ton devoir et ne tremble pas : car rien de meilleur n'arrive au Xatriya qu'une juste guerre ;

Yadṛc̈c̈ayâ ća upapannaṃ
swargad̈wâram apâvṛtaṃ
Suk̇inaḣ Xatriyâḣ, 'Pârṫa,
lab̈antê yudd̈am îdṛçam. 32.
Aṫa ćêt twam imaṃ d̈armyam
saṅgrâmaṃ na karis̈yasi,
Tataḣ swad̈armaṃ kîrtiṃ ća
hitwâ, pâpam avâpsyasi; 33.
Akîrtiṃ ća api b̈ûtâni
kaṫayis̈yanti tê 'vyayâṃ;
Samb̈âvitasya ća akîrtir
maraṇâd atirićyatê. 34.
B'ayâd raṇâd uparatam
maṅsyantê twâm mahâraṫâḣ,
Yês̈âṃ ća twam bahumatô
b̈ûtwâ yâsyasi lâġavaṃ; 35.
Avâçyavâd̈aṅç ća bahûn
vadis̈yanti tava ahitâḣ,
Nindantas tava sâmarṫyaṃ;
tatô duḣk̇ataraṃ nu kiṃ? 36.
Hatô vâ prâpsyasi swargaṃ,
jitwâ vâ b̈ôxyasê mahîṃ;
Tasmâd uttis̈ṭa, Kœntêya,
yudd̈âya kṛtaniçćayaḣ. 37.
Suk̇aduḣk̇ê samê kṛtwâ,
lâb̈âlâb̈œ, jayâjayœ,
Tatô yudd̈âya yujyaswa;
na êvam pâpam avâpsyasi. 38.

Par un tel combat qui s'offre ainsi de lui-même, la porte du ciel, fils de Prithâ, s'ouvre aux heureux Xatriyas.

Et toi, si tu ne livres ce combat légitime, traître à ton devoir et à ta renommée, tu contracteras le péché ;

Et les hommes rediront ta honte à jamais : or, pour un homme de sens, la honte est pire que la mort.

Les princes croiront que par peur tu as fui le combat : ceux qui t'ont cru magnanime te mépriseront ;

Tes ennemis tiendront sur toi mille propos outrageants où ils blâmeront ton incapacité. Qu'y a-t-il de plus fâcheux ?

Tué, tu gagneras le ciel ; vainqueur, tu posséderas la terre. Lève-toi donc, fils de Kuntî, pour combattre bien résolu.

Tiens pour égaux plaisir et peine, gain et perte, victoire et défaite, et sois tout entier à la bataille : ainsi tu éviteras le péché.

Êṡâ tê 'b̔ihitâ sâŋk̔yê
bud̔d̔ir ; yôgê tw imâṃ çṛnu,
Bud̔d̔yâ yuktô yayâ, Pârt̔a,
karmaband̔am prahâsyasi. 59.

Na iha ab̔ikramanâçô 'sti,
pratyavâyô na vidyatê ;
Swalpam apy asya d̔armasya
trâyatê mahatô b̔ayât. 40.

Vyavasâyâtmikâ bud̔d̔ir
êkâ iha, Kurunandana ;
Bahuçâk̔â hy anant̔âç ća
bud̔d̔ayô 'vyavasâyinâṃ. 41.

Yâm imâm puṡpitâṃ vâćam
pravadanty avipaçćitaḥ,
Vêd̔avâdaratâḥ, Pârt̔a,
na anyad asti iti vâdinaḥ, 42.

Kâmâtmânaḥ, swargaparâ
ǰanmakarmap̔alapradâṃ,
Kriyâviçêṡabahulâm
b̔ôga-îçwaryagatim prati ; 43.

B̔ôga-îçwaryaprasaktânâṃ,
tayâ apahṛtaćêtasâṃ,
Vyavasâyâtmikâ bud̔d̔iḥ
samâd̔au na vid̔îyatê. 44.

Je t'ai exposé la science selon la Raison (Sânkhyâ); entends-la aussi selon la doctrine de l'Union (Yôga). En t'y attachant, tu rejetteras le fruit des œuvres, qui n'est rien qu'une chaîne.

Ici point d'efforts perdus, point de dommage; une parcelle de cette loi délivre l'homme de la plus grande terreur.

Cette doctrine, fils de Kuru, n'a qu'un but et elle le poursuit avec constance; une doctrine inconstante se ramifie à l'infini.

Il est une parole fleurie dont se prévalent les ignorants, tout fiers d'un texte du Vêda : « Cela suffit » disent-ils.

Et livrés à leurs désirs, mettant le ciel en première ligne, ils produisent ce texte qui propose le retour à la vie comme prix des œuvres, et qui renferme une abondante variété de cérémonies par lesquelles on parvient aux richesses et à la puissance.

Pour ces hommes, attachés à la puissance et aux richesses et dont cette parole a égaré l'esprit, il n'est point de doctrine unique et constante ayant pour but la contemplation.

Træguṇyâviṡayâ Vêdâ;
nistræguṇyô b̓ava, Arjuna;
Nirdwandwô, nityasattwast̓ô,
niryôgax̌êma âtmavân. 45.
Yâvân art̓a udapânê
sarvataḥ samplutôdakê,
Tâvân sarvêṡu Vêdêṡu
brâhmaṇasya vijânataḥ. 46.
Karmaṇy êva âd̓ikâras tê,
mâ p̒alêṡu kadâćana;
Mâ karmap̒alahêtur b̓ûr,
mâ tê saẏgô 'stw akarmaṇi. 47.
Yôgast̓aḥ kuru karmâṇi
saẏgaṃ tyaktwâ, d̓anañjaya,
Sidd̓y-asidd̓yôḥ samô b̓ûtwâ,
samatwaṃ yôga ućyatê. 48.
Dûrêṇa hy avaraṃ karma
budd̓iyôgâd, d̓anañjaya:
Budd̓æ çaraṇam anwićc̈a;
Kṛpaṇâḥ p̒alahêtavaḥ. 49.
Budd̓iyukt̓ô jahâti iha
ub̓ê sukṛta-duṡkṛtê.
Tasmâd yôgâya yujyaswa;
yôgaḥ karmasu kæçalaṃ. 50.

On trouve les *trois qualités* dans le Vêda : sois exempt des trois qualités, Arjuna ; que ton âme ne se partage point, qu'elle soit toujours ferme ; que le bonheur ne soit pas l'objet de ses pensées ; qu'elle soit maîtresse d'elle-même.

Autant on trouve d'usages à un bassin dont les eaux débordent de tous côtés, autant un brâhmane en reconnaît à tous les Vêdas.

Sois attentif à l'accomplissement des œuvres, jamais à leurs fruits ; ne fais pas l'œuvre pour le fruit qu'elle procure, mais ne cherche pas à éviter l'œuvre.

Constant dans l'Union mystique, accomplis l'œuvre et chasse le désir ; sois égal aux succès et aux revers ; l'Union, c'est l'égalité d'âme.

L'œuvre est bien inférieure à cette Union spirituelle. Cherche ton refuge dans la méditation. Malheureux ceux qui aspirent à la récompense !

L'homme qui s'applique à la méditation, se dégage ici-bas et des bonnes et des mauvaises œuvres : applique-toi donc à l'Union mystique ; elle rend les œuvres heureuses.

Karmaȷ́am buđđiyuktâ hi
p'alaṃ tyaktwâ manîṡiṇas,
ȷ́anmabanđavinirmuktâs,
padaṃ gaććanty anâmayaṃ. 51.
Yadâ tê môhakalilaṃ
buđđir vyatitariṡyati,
Tadâ gantâsi nirvêdaṃ
çrôtavyasya çrutasya ća. 52.
Çrutivipratipannâ tê
yadâ s'tâsyati niççalâ,
Samâđâvaćalâ buđđis,
tađâ yôgaṃ avâpsyasi. 53.

Arȷ́una uvâća :

S'titapraȷ́ñasya kâ ƀâṡâ
samâđis'tasya, Kêçava?
S'titađîs kiṃ praƀâṡêta,
kiṃ âsîta, vraȷ́êta kiṃ? 54.

Çrîƀagavân uvâća :

Praȷ́ahâti yadâ kâmân
sarvân, Pâr'ta, manôgatân,
Âtmany êva âtmanâ tuṡṭas,
s'titapraȷ́ñas tadâ ućyatê. 55.
Dusk'êṡu anudvignamanas,
suk'êṡu vigatasp̣rhas,

Les hommes d'intelligence qui se livrent à la méditation et qui ont rejeté le fruit des œuvres, échappent au lien des générations et vont au séjour du salut.

Quand ta pensée aura franchi les régions obscures de l'erreur, alors tu parviendras au dédain des controverses passées et futures ;

Quand détournée de ces enseignements, ton âme demeurera inébranlable et ferme dans la contemplation, alors tu atteindras l'Union spirituelle.

Arjuna.

Quelle est, ô prince chevelu, la marque d'un homme ferme dans la sagesse et ferme dans la contemplation ? Comment est-il, immobile dans sa pensée, quand il parle, quand il se repose, quand il agit ?

Le Bienheureux.

Fils de Prithâ, quand il renonce à tous les désirs qui pénètrent les cœurs, quand il est heureux avec lui-même, alors il est dit ferme en la sagesse.

Quand il est inébranlable dans les revers,

âga-ƀaya-krôďas,
sťitaďîr munir ućyatê. 56.
Yas sarvatra anaƀisnêhas,
tat tat prâpya çuƀa-açuƀaṃ
Na aƀinandati, na dwêšṭi,
tasya prajñâ pratišťitâ. 57.
Yadâ saṅharatê ća ayaṃ,
kurmô 'γgâni iva sarvaças,
Indriyâṇi indriyarťêƀyas,
tasya prajñâ pratišťitâ. 58.
Višayâ vinivartantê
nirâhârasya dêhinas;
Rasavarjaṃ rasô 'py asya
paraṃ dṛšťwâ nivartatê. 59.
Yatatô hy api, Kæntêya,
pûrušasya vipaçćitas;
Indriyâṇi pramâťîni
haranti prasaƀam manas; 60.
Tâni sarvâṇi saṅyamya,
yukta âsîta matparas;
Vaçê hi yasya indriyâṇi
tasya prajñâ pratišťitâ. 61.
Ďyâyatô višayân puṅsas
saγgas têšu upajâyatê;
Saγgât sañjâyatê kâmas;
kâmât krôďô 'ƀijâyatê; 62.
Krôďâd ƀavati sammôhas;
sammôhât smṛtiviƀramas;

exempt de joie dans les succès, quand il a chassé les amours, les terreurs, la colère, il est dit alors solitaire ferme en la sagesse.

Si d'aucun point il n'est affecté ni des biens, ni des maux, s'il ne se réjouit ni ne se fâche, en lui la sagesse est affermie.

Si, comme la tortue retire à elle tous ses membres, il soustrait ses sens aux objets sensibles, en lui la sagesse est affermie.

Les objets se retirent devant l'homme abstinent ; les affections de l'âme se retirent en présence de celui qui les a quittées.

Quelquefois pourtant, fils de Kuntî, les sens fougueux entraînent par force l'âme du sage le mieux dompté :

Qu'après les avoir dominés, il se tienne assis, l'esprit fixé sur moi ; car, quand il est maître de ses sens, en lui la sagesse est affermie.

Dans l'homme qui contemple les objets des sens, naît un penchant vers eux ; de ce penchant naît le désir ; du désir, l'appétit violent ;

De cet appétit, le trouble de la pensée ; de ce trouble, la divagation de la mémoire ; de la ruine

Smṛtib̋rançâd bud̋dinâçô ;
bud̋dinâçât praṇaçyati. 63.

Râga-dwêšaviyuktæs tu
višayân indriyæç ćaran,

Âtmavaçyær, vid̋êyâtmâ,
prasâdam ad̋igaćc̋ati ; 64.

Prasâdê sarvaduḥk̋ânâṃ
hânir asya upajâyatê ;

Prasannaćêtasô hy âçu
bud̋diḥ paryavatišṫatê. 65.

Na asti bud̋dir ayuktasya,
na ća ayuktasya b̋âvanâ ;

Na ća ab̋âvayataḥ çântir ;
açântasya kutaḥ suk̋aṃ? 66.

Indriyâṇâṃ hi ćaratâṃ
yan manô 'nuvid̋îyatê,

Tad asya harati prajñâṃ,
vâyur nâvam iva amb̋asi ; 67.

Tasmâd yasya, mahâvâhô,
nigṛhîtâni sarvaçaḥ

Indriyâṇi-indriyârṫêb̋yas,
tasya prajñâ pratišṫitâ. 68.

Yâ niçâ sarvab̋ûtânâṃ,
tasyâṃ jâgarti saṃyamî ;

Yasyâṃ jâgrati b̋utâni,
sâ niçâ paçyatô munêḥ. 69.

de la mémoire, la perte de la raison ; et par cette perte, il est perdu.

Mais si un homme aborde les objets sensibles, ayant les sens dégagés des amours et des haines et docilement soumis à son obéissance, il marche vers la sérénité ;

De la sérénité naît en lui l'éloignement de toutes les peines ; et quand son âme est sereine, sa raison est bientôt affermie.

L'homme qui ne pratique pas l'Union divine, n'a pas de science et ne peut méditer ; celui qui ne médite pas, est privé de calme ; privé de calme, d'où lui viendra le bonheur ?

Car celui qui livre son âme aux égarements des sens, voit bientôt sa raison emportée, comme un navire par le vent sur les eaux.

Ainsi donc, héros au grand char, c'est en celui dont les sens sont fermés de toute part aux objets sensibles, que la sagesse est affermie.

Ce qui est nuit pour tous les êtres, est un jour où veille l'homme qui s'est dompté ; et ce qui est veille pour eux, n'est que nuit pour le clairvoyant solitaire.

Âpûryamâṇam aćalapratiṡṫam
samudram âpaḥ praviçanti yadvat,
Tadvat kâmâ yam praviçanti sarvê
sa çântim âpnôti ; na kâmakâmî. 70.
Viḣâya kâmân yaḥ sarvân
pumânç ćarati niḥspṛhaḥ,
Nirmamô, nirahaṅkâraḥ,
sa çântim adigaććati. 71.
Êṡâ brâhmî sṫitiḥ, Pârṫa ;
na ênâm prâpya vimuhyati ;
Sṫitwâ asyâm antakâlê 'pi,
brahmanirvâṇam ṛććati. 72.

Iti Çrîbagavadgîtâḥ...., sâṅkyayôgô nâma, dwitîyô 'dyâyaḥ.

III.

Arjuna uvâća :

Jyâyasî ćêt karmaṇas tê
matâ buddir, janârdana,
Tat kiṃ karmaṇi ġôrê mâṃ
niyôjayasi, Kêçava? 1.
Vyâmiçrêna êva vâkyêna
buddim môhayasi iva mê ;
Tad êkaṃ vada niççityaṃ
yêna çrêyô 'ham âpnuyâṃ. 2.

Dans l'invariable Océan qui se remplit toujours viennent se perdre les eaux : ainsi l'homme en qui se perdent tous les désirs, obtient la paix ; mais non l'homme livré aux désirs.

Qu'un homme, les ayant tous chassés, marche sans désirs, sans cupidité, sans orgueil ; il marche à la paix.

Voilà, fils de Prithâ, la halte divine : l'âme qui l'a atteinte, n'a plus de troubles ; et celui qui s'y tient jusqu'au dernier jour, va s'éteindre en Dieu.

III.

YOGA DE L'OEUVRE.

Arjuna.

Si à tes yeux, guerrier redoutable, la pensée est meilleure que l'action, pourquoi donc m'engager à une action affreuse ?

Mon esprit est comme troublé par tes discours ambigus. Énonce une règle unique et précise par laquelle je puisse arriver à ce qui vaut le mieux.

Çrîbagavân uvâća :

Lôkê 'smin dwividâ niśtâ
purâ prôktâ mayâ, anaĝa :
Jñânayôgêna saṅkyânâṃ,
karmayôgêna yôginâṃ. 3.
Na karmaṇâm anârambân
næśkarmyam puruśô 'çnutê ;
Na ça sannyasanâd êva
siddim samadigaććati. 4.
Na hi kaççit xaṇam api
jâtu tiśtaty akarmakṛt ;
Kâryatê hy avaças karma
sarvas prakṛtijær guṇæs. 5.
Karmêndriyâṇi saṅyamya
ya âstê, manasâ smaran
Indriyârtân, vimudâtmâ,
mityâćâras sa ućyatê. 6.
Yas tw indriyâṇi manasâ
niyamya ârabatê, 'rjuna,
Karmêndriyæs karmayôgam,
asaktas, sa viçiśyatê. 7.
Niyataṃ kuru karma twaṃ :
karma jâyô hy akarmaṇas ;
Çarîrayâtrâ api ća tê
na prasidyêd akarmaṇas. 8.

Le Bienheureux.

En ce monde, il y a deux manières de vivre; je te l'ai déjà dit, prince sans péché : les rationalistes contemplateurs s'appliquent à la connaissance; ceux qui pratiquent l'Union s'appliquent aux œuvres.

Mais en n'accomplissant aucune œuvre l'homme n'est pas oisif pour cela ; et ce n'est pas par l'abdication que l'on parvient au but de la vie ;

Car personne, pas même un instant, n'est réellement inactif; tout homme malgré lui-même est mis en action par les fonctions naturelles de son être.

Celui qui, après avoir enchaîné l'activité de ses organes, se tient inerte, l'esprit occupé des objets sensibles et la pensée errante, on l'appelle faux-dévot ;

Mais celui qui, par l'esprit, a dompté les sens et qui met à l'œuvre l'activité de ses organes pour accomplir une action, tout en restant détaché, on l'estime, Arjuna.

Fais donc une œuvre nécessaire : l'œuvre vaut mieux que l'inaction ; sans agir tu ne pourrais pas même nourrir ton corps.

Yajñârťât karmaṇô 'nyatra
lôkô 'yaṃ karmabanďanaȟ ;
Tadarťaṃ karma, Kæntêya,
muktasaɣgaȟ samâċara. 9.
Sahayajñâȟ prajâȟ sṛśtwâ
purâ uvâċa Prajâpatiȟ :
« *Anêna prasaviśyaďvam ;*
êsa vô 'stʋ iśtakâmaďuk ; 10.
» *Dêvân ƃâvayata anêna :*
tê Dêvâ ƃâvayantu vaȟ ;
» *Parasparam ƃâvayantaȟ*
çṛêyaȟ param avâpsyaťa. 11.
» *Iśṭân ƃôgân hi vô Dêvâ*
dâsyantê yajñaƃâvitâȟ :
» *Tær dattân apradâya êƃyô*
yô ƃuɣktê, stêna êva saȟ ; 12.
» *Yajñaçiśtâçinaȟ santô*
muċyantê sarvakilviśæȟ ;
» *B'uñjatê tê tʋ aġam pâpâ,*
yê paċanty âtmakâraṇât. » 13.
Annâd ƃavanti ƃûtâni,
parjanyâd annasamƃavaȟ ;
Yajñâd ƃavati parjanyô,
yajñaȟ karmasamudƃavaȟ ; 14.
Karma Brahmâd ƃavaṃ viddi ;
Brahmâ axarasamudƃavaṃ :

Hormis l'œuvre sainte, ce monde nous enchaîne par les œuvres. Cette œuvre donc, fils de Kuntî, exempt de désirs, accomplis-la.

Lorsque jadis le Souverain du monde créa les êtres avec le Sacrifice, il leur dit : « Par lui multipliez ; qu'il soit pour vous la vache d'abondance ;

Nourrissez-en les dieux, et que les dieux soutiennent votre vie. Par ces mutuels secours, vous obtiendrez le souverain bien ;

Car, nourris du Sacrifice, les dieux vous donneront les aliments désirés. Celui qui, sans leur en offrir d'abord, mange la nourriture qu'il a reçue d'eux, est un voleur.

Ceux qui mangent les restes du Sacrifice sont déliés de toutes leurs fautes ; mais les criminels qui préparent des aliments pour eux seuls, se nourrissent de péché. »

En effet, les animaux vivent des fruits de la terre ; les fruits de la terre sont engendrés par la pluie ; la pluie, par le Sacrifice ; le Sacrifice s'accomplit par l'Acte.

Or, sache que l'Acte procède de Brahma, et

Tasmât sarvagatam Brahma
nityaṃ yajñê pratiśṫitaṃ. 15.
Êvam pravartitaṃ ćakraṃ
na anuvartayati iha yaḥ
Aġâyur, indriyârâmô,
môġam, Pârṫa, sa jîvati. 16.
Yas tu âtmaratir êva syâd
âtmatṛptaç ća mânavaḥ
Âtmany êva ća santuṣṭas,
tasya kâryaṃ na vidyatê; 17.
Na êva tasya kṛtêna arṫô
na akṛtêna iha kaçćana;
Na ća asya sarvaḃûtêṣu
kaçćid arṫa vyapâçrayaḥ. 18.
Tasmâd asaktaḥ satataṃ
kâryaṃ karma samâćara;
Asaktô hy âćaran karma
param âpnôti pûruṣaḥ. 19.
Karmaṇâ êva hi sansiddim
âsṫitâ Janakâdayaḥ.
Lôkasaṅgraham êva api
sampaçyan kartum arhasi. 20.
Yadyad âćarati çrêṣṫas,
tattad êva itarô janaḥ;
Sa yat pramâṇaṃ kurutê,
lôkas tad anuvartatê. 21.
Na mê, Pârṫa, asti kartavyaṃ
triṣu lôkêṣu kiñćana,

et que Brahma procède de l'Eternel. C'est pourquoi ce Dieu qui pénètre toutes choses est toujours présent dans le Sacrifice.

Celui qui ne coopère point ici-bas à ce mouvement circulaire de la vie et qui goûte dans le péché les plaisirs des sens, celui-là, fils de Prithâ, vit inutilement.

Mais celui qui, heureux dans son cœur et content de lui-même, trouve en lui-même sa joie, celui-là ne dédaigne aucune œuvre;

Car il ne lui importe en rien qu'une œuvre soit faite ou ne le soit pas, et il n'attend son secours d'aucun des êtres.

C'est pourquoi, toujours détaché, accomplis l'œuvre que tu dois faire; car en la faisant avec abnégation, l'homme atteint le but suprême.

C'est par les œuvres que Janaka et les autres ont acquis la perfection. Si tu considères aussi l'ensemble des choses humaines, tu dois agir.

Selon qu'agit un grand personnage, ainsi agit le reste des hommes; l'exemple qu'il donne, le peuple le suit.

Moi-même, fils de Prithâ, je n'ai rien à faire

Na anavâptam avâptavyam :
varta êva ća karmaṇi. 22.

Yadi hy ahaṃ na vartêya
jâtu karmaṇy atandritaꞩ,
(mama vartma anuvartantê
manuṡyâꞩ, Pârta, sarvaçaꞩ), 23.

Utsîdêyur imê lôkâ,
na kuryâṃ karma ćêd ahaṃ;
Saγkarasya ća kartâ syâm,
upahanyâm imâꞩ prajâꞩ. 24.

Saktâꞩ karmaṇy avidvâṅsô
yatâ kurvanti, B'ârata,
Kuryâd vidvâṅs tatâ asaktaç,
ćikîrṡur lôkasaγgrahaṃ; 25.

Na buddibêdaṃ janayed
ajñânâṃ karmasaγginâṃ;
Jôṡayêt sarvakarmâṇi
vidwân, yuktaꞩ, samâćaran. 26.

Prakṛtêꞩ kriyamâṇâni
guṇæꞩ karmâṇi sarvaçaꞩ;
Ahaγkâravimûḍâtmâ
« kartâ aham » iti manyatê; 27.

Tattwavit tu, mahâvâhô,
guṇakarmavibâgayôꞩ
« Guṇâ guṇêṡu vartanta »
iti matwâ na sajjatê. 28.

dans les trois mondes, je n'ai là aucun bien nouveau à acquérir ; et pourtant je suis à l'œuvre.

Car si je ne montrais une activité infatigable, tous ces hommes qui suivent ma voie, toutes ces générations périraient;

Si je ne faisais mon œuvre, je ferais un chaos, et je détruirais ces générations.

De même que les ignorants sont liés par leur œuvre, qu'ainsi le sage agisse en restant détaché, pour procurer l'ordre du monde.

Qu'il ne fasse pas naître le partage des opinions parmi les ignorants attachés à leurs œuvres ; mais que s'y livrant avec eux, il leur fasse aimer leur travail.

Toutes les œuvres possibles procèdent des attributs naturels (des êtres vivants); celui que trouble l'orgueil s'en fait honneur à lui-même et dit : « j'en suis l'auteur ; »

Mais celui qui connaît la vérité, sachant faire la part de l'attribut et de l'acte, se dit : « les attributs *de l'âme* se rapportent aux attributs *de la matière* » et il reste détaché.

Prakṛtêr guṇasammuđâḥ
sajjantê guṇakarmasu;
Tân akṛtsnavidô, mandân,
kṛtsnavin na vićalayêt. 29.

Mayi sarvâṇi karmâṇi
sannyasya, ađyâtmaćêtasâ,
Nirâçîr, nirmamô b̓ûtwâ,
yuđyaswa vigatajwaraḥ. 30.

Yê mê matam idaṃ nityam
anutiśṫanti mânavâḥ
Çrađđâvantô, 'nasûyantô,
mućyantê tê 'pi karmab̓iḥ; 31.

Yê tw êtad ab̓yasûyantô
na anutiśṫanti mê mataṃ,
Sarvajñânavimuđâṅs tân
viđđi naśṭân aćêtasaḥ. 32.

Sadṛçaṃ ćêśṭatê swasyâḥ
prakṛtêr jñânavân api;
Prakṛtiṃ yânti b̓ûtâni:
nigrahaḥ kiṃ kariśyati? 33.

Indriyasya indriyasyârtê
râgadwêśæ vyavasṫitæ;
Tayôr na vaçam âgaććêt;
tæ hy asya paripanṫinæ. 34.

Çrêyân swađarmô viguṇaḥ
parađarmât swanuśṫitât:

Ceux que troublent les attributs naturels des choses, s'attachent aux actes qui en découlent. Ce sont des esprits lourds qui ne connaissent pas le général. Que celui qui le connaît ne les fasse pas trébucher.

Rapporte à moi toutes les œuvres, pense à l'Ame suprême ; et sans espérance, sans souci de toi-même, combats et n'aie point de tristesse.

Les hommes qui suivent mes commandements avec foi, sans murmure, sont, eux aussi, dégagés du lien des œuvres ;

Mais ceux qui murmurent et ne les observent pas, sache que, déchus de toute science, ils périssent privés de raison.

Le sage aussi tend à ce qui est conforme à sa nature ; les animaux suivent la leur. A quoi bon lutter contre cette loi?

Il faut bien que les objets des sens fassent naître le désir et l'aversion. Seulement, que le sage ne se mette pas sous leur empire, puisque ce sont ses ennemis.

Il vaut mieux suivre sa propre loi, même imparfaite, que la loi d'autrui, même meilleure ;

Swadarmê nidanaṃ çrêyas;
paradarmô bayâvahas. 35.

Arjuna uvâća:

Ata kêna prayuktô 'yam
pâpaṃ ćarati pûrušas,
Anićcann api, Vâršṇêya,
balâd iva, niyôjitas? 36.

Çrîbagavân uvâća:

Kâma êša, krôda êša
rajôguṇasamudbavas,
Mahâçanô, mahâpâpmâ;
viddy ênam iha vœriṇaṃ. 37.
Dûmêna âvriyatê vahnir
yatâ, darçô malêna ća,
Yatâ ulvêna âvṛtô garbas,
tatâ têna idam âvṛtaṃ. 38.
Âvṛtaṃ jñânam êtêna,
jñâninô nityavœriṇâ,
Kâmarûpêṇa, Kœntêya,
dušpûrêṇa analêna ća. 39.
Indriyâṇi, manô, buddir,
asya adišṭânam ućyatê;
Êtœr vimôhayaty êsa,
jñânam âvṛtya, dêhinaṃ. 40.
Tasmât twam indriyâṇy âdœ
niyamya, Barataršaba,

il vaut mieux mourir en pratiquant sa loi : la loi d'autrui a des dangers.

Arjuna.

Mais, ô Pasteur, par quoi l'homme est-il induit dans le péché, sans qu'il le veuille, et comme poussé par une force étrangère?

Le Bienheureux.

C'est l'amour, c'est la passion, née des Ténèbres ; elle est dévorante, pleine de péché ; sache qu'elle est une ennemie ici-bas.

Comme la fumée couvre la flamme, et la rouille le miroir, comme la matrice enveloppe le fœtus, ainsi cette fureur couvre le monde.

Eternelle ennemie du sage, elle obscurcit la science. Telle qu'une flamme insatiable, elle change de forme à son gré.

Les sens, l'esprit, la raison, sont appelés son domaine. Par les sens, elle obscurcit la connaissance et trouble la raison de l'homme.

C'est pourquoi, excellent fils de Bhârata, enchaîne tes sens dès le principe, et détruis cette

Pâpmânam prajahihy ênaṃ,
jñâna-vijñânanâçanaṃ. 41.
Indriyâṇi parâṇy âhur ;
indriyêbyaḥ param manaḥ ;
Manasas tu parâ buddir ;
yô buddêḥ paratas tu, saḥ. 42.
Êvam buddêḥ param buddwâ,
saṅstabya âtmânam âtmanâ,
Jahi çatrum, mahâvâhô,
kâmarûpaṃ, durâsadaṃ. 43.

Iti Çrîbagavadgîtâḥ...., karmayôgô nâma, tritîyô 'dyâyaḥ.

IV.

Çrîbagavân uvâca :

Imaṃ Vivasvatê yôgam
prôktavân aham avyayaṃ,
Vivasvân Manavê prâha,
Manur Ixwâkavê 'bravît ; 1.
Êvam paramparâprâptam
imaṃ Râjarṣayô viduḥ.
Sa kâlêna iha mahatâ
yôgô naṣṭaḥ, parantapa. 2.
Sa êva ayam mayâ tê 'dya
yôgaḥ prôktaḥ purâtanaḥ,

pécheresse qui ôte la connaissance et le jugement.

Les sens, dit-on, sont puissants ; l'esprit est plus fort que les sens ; la raison est plus forte que l'esprit. Mais ce qui est plus fort que la raison, c'est elle.

Sachant donc qu'elle est la plus forte, affermis-toi en toi-même, et tue un ennemi aux formes changeantes, à l'abord difficile.

IV.

YOGA DE LA SCIENCE.

Le Bienheureux.

Cette Union éternelle, je l'ai enseignée d'abord à Vivasvat ; Vivasvat l'a enseignée à Manu ; Manu l'a redite à Ixwaku ;

Et reçue ainsi de mains en mains, les Rishis royaux l'ont connue ; mais dans la longue durée des temps, cette doctrine s'est perdue, ô vainqueur.

Cette même doctrine antique, je viens te l'ex-

« B'aktô 'si mê sak'â ća » iti.
Rahasyaṃ hy êtad uttamaṃ. 3.

Arjuna uvâća :

Aparam b'avatô janma,
paraṃ janma Vivasvataḥ;
Ka't'am êtad vijânîyâṃ
twâm « âdæ prôktavân » iti? 4.

Çrîb'agavân uvâća :

Bahûni mê vyatîtâni
janmâni, tava ća, Arjuna.
Tâny ahaṃ vêda sarvâṇi,
na twam vêt't'a, parantapa. 5.
Ajô 'pi sann, avyayâtmâ,
b'ûtânâm îçwarô 'pi san,
Prakṛtiṃ swâm ad'iṣ't'âya
samb'avâmy âtmamâyayâ. 6.
Yadâ yadâ hi d'armasya
glânir b'avati, B'ârata,
Ab'yut't'ân am ad'armasya,
tadâ âtmânaṃ sṛjâmy ahaṃ. 7.
Paritrânâya sâd'ûnâṃ,
vinâçâya ća duṣkṛtâṃ,
D'armasaṅs't'âpanârt'âya
samb'avâmi yugê yugê. 8.
Janma karma ća mê divyam
êvaṃ yô vêtti tattwataḥ,

poser aujourd'hui ; car j'ai dit : « Tu es mon serviteur et mon ami ; » c'est un mystère suprême.

Arjuna.

Ta naissance est postérieure ; celle de Vivasvat a précédé la tienne : comment te comprendrai-je quand tu dis : « Dans l'origine je l'ai enseignée à Vivasvat ? »

Le Bienheureux.

J'ai eu bien des naissances, et toi-même aussi, 5
Arjuna : je les sais toutes ; mais toi, héros, tu ne les connais pas.

Quoique sans commencement et sans fin, et 6
chef des êtres vivants, néanmoins maître de ma propre nature, je nais par ma vertu magique.

Quand la justice languit, Bhârata, quand l'in- 7
justice se relève, alors je me fais moi-même créature, et je nais d'âge en âge

Pour la défense des bons, pour la ruine des 8
méchants, pour le rétablissement de la justice.

Celui qui connaît selon la vérité ma naissance et mon œuvre divine, quittant son corps ne re-

Tyaktwâ dêham punarjanma
na êti, mâm êti sô, 'rjuna. 9.
Vîtarâga-ɓaya-krôđâ,
manmayâ, mâm upâçritâḣ,
Bahavô jñânatapasâ,
pûtâ, madɓâvam âgatâḣ. 10.
Yê ya'tâ mâm prapadyantê,
tâṅs ta'tâ êva ɓajâmy ahaṃ.
Mama vartma anuvartantê
manuṡyâḣ, Pâr'ta, sarvaçaḣ. 11.
Kâṅxantaḣ karmaṇâṃ siđđiṃ,
yajanta iha ḍêvatâḣ;
Xipraṃ hi mânuṡê lôkê
siđđir ɓavati karmajâ. 12.
Ćaturvarnyam mayâ sṛṡṭaṃ
guṇa-karmaviɓâgaçaḣ;
Tasya kartâram api mâṃ
viđđy, akartâram, avyayaṃ. 13.
Na mâṃ karmâṇi limpanti;
na mê karmap'alê spṛhâ;
Iti mâṃ yô 'ɓijânâti,
karmaɓir na sa ɓađyatê. 14.
Êvaṃ jñâtwâ, kṛtaṃ karma
pûrvær api mumuxuɓiḣ;
Kuru karma êva tasmât twam,
pûrvæḣ pûrvataraṃ kṛtaṃ. 15.

tourne pas à une naissance nouvelle ; il vient à moi, Arjuna.

Dégagés du désir, de la crainte et de la passion, devenus mes dévots et mes croyants, beaucoup d'hommes, purifiés par les austérités de la science, se sont unis à ma substance ;

Car, selon que les hommes s'inclinent devant moi, de même aussi je les honore. Tous les hommes suivent ma voie, fils de Prithâ ;

Mais ceux qui désirent le prix de leurs œuvres sacrifient ici-bas aux divinités ; et bientôt dans ce monde mortel, le prix de leurs œuvres leur échoit.

C'est moi qui ai créé les quatre castes et réparti entre elles les qualités et les fonctions. Sache qu'elles sont mon ouvrage, à moi qui n'ai pas de fonction particulière et qui ne change pas.

Les œuvres ne me souillent pas, car elles n'ont pour moi aucun fruit ; et celui qui me sait tel, n'est point retenu par le lien des œuvres.

Sachant donc que d'antiques sages, désireux de la délivrance, ont accompli leur œuvre, toi aussi accomplis l'œuvre que ces sages ont accomplie autrefois.

« Kim karma, kim akarma » iti :
kavayô 'py atra môhitâs.
Tat tê karma pravaxyâmi,
yaj jñâtwâ môxyasê 'çubât. 16.
Karmaṇo hy api bôddavyam ;
bôddavyam ća vikarmaṇas ;
Akarmaṇaç ća bôddavyam ;
gahanâ karmanô gatis. 17.
Karmaṇy akarma yas paçyêd,
akarmaṇi ća karma yas,
Sa buddimân manuṣyêṣu,
sa yuktas kṛtsnakarmakṛt. 18.
Yasya sarvê samârambâs
kâmasaṅkalpavarjitâs,
Jñânâgnidagdakarmâṇam
tam âhus paṇḍitam budâs. 19.
Tyaktwâ karmapʻalâsaṅgam,
nityatṛptô, nirâçrayas,
Karmaṇy abipravṛttô 'pi
na êva kiñćit karôti sas. 20.
Nirâçîr, yatacittâtmâ,
tyaktasarvaparigrahas,
Çârîram kêvalam karma
kurvan, na âpnôti kilviṣam. 21.

Mais, dis-tu, qu'est-ce que l'œuvre? qu'est-ce que le repos? Les poëtes eux-mêmes ont hésité. Je vais donc te l'enseigner, et quand tu le sauras, tu seras délivré du mal.

Il faut savoir ce que c'est que l'acte, la cessation, l'inaction. Car la marche de l'acte est difficile à saisir.

Celui qui voit le repos dans l'action et l'action dans le repos, celui-là est sage parmi les hommes; il est en état d'Union, quelque œuvre qu'il fasse d'ailleurs.

Si toutes ses entreprises sont exemptes des inspirations du désir, comme s'il avait consumé l'œuvre par le feu de la science, il est appelé sage par les hommes intelligents.

Car celui qui a chassé le désir du fruit des œuvres, qui est toujours satisfait et exempt d'envie, celui-là, bien qu'occupé d'une œuvre, est pourtant en repos.

Sans espérances, maître de ses pensées, n'attendant du dehors aucun secours, n'accomplissant son œuvre qu'avec le corps, il ne contracte point le péché.

Yadṛĉâlâbasantuṣṭô,
dwandwâtîtô, vimatsaraḥ,
Samaḥ siddâw asiddæ ća,
kṛtwâ api na nibadyatê. 22.
Gatasaṅgasya, muktasya,
jñânâvastitaćêtasaḥ
Yajñâya âćarataḥ, karma
samagram pravilîyatê. 23.
Brahma arpaṇam, Brahma havir,
Brahma agnæ, Brahmaṇâ hutaṃ;
Brahma êva têna gantavyam
Brahmakarmasamâdinâ. 24.
Dævam êva aparê yajñaṃ
yôginaḥ paryupâsatê;
Brahmâgnâw aparê yajñaṃ
yajñêna êva upajuhwati; 25.
Çrôtrâdînîndriyâṇy anyê
saṃyamâgnișu juhwati;
Çabdâdîn viṣayân anyê
indriyâgnișu juhwati; 26.
Sarvâṇi indriyakarmâṇi
prâṇakarmâṇi ća aparê
Âtmasaṃyamayôgâgnæ
juhwati jñânadîpitê; 27.
Dravyayajñâs, tapôyajñâ,
yôgayajñâs tatâ aparê,

Satisfait de ce qui se présente, supérieur à l'amour et à la haine, exempt d'envie, égal aux succès et aux revers, il n'est pas lié par l'œuvre, quoiqu'il agisse.

Pour celui qui a chassé les désirs, qui est libre, qui tourne sa pensée vers la science et procède au sacrifice, l'œuvre entière s'évanouit.

L'offre pieuse est Dieu; le beurre clarifié, le feu, l'offrande sont Dieu ; celui-là donc ira vers Dieu, qui dans l'œuvre pense à Dieu.

Parmi les Yogis les uns s'assoient au sacrifice des dieux ; d'autres, dans le feu brahmanique, offrent le sacrifice par le moyen du sacrifice lui-même ;

Ceux-ci dans le feu de la continence, offrent l'ouïe et les autres sens ; ceux-là dans le feu des sens, font l'offrande du son et des autres objets sensibles ;

Quelques-uns dans le feu mystique de la continence allumé par la science, offrent toutes les fonctions des sens et de la vie ;

D'autres offrent en sacrifice leurs richesses, leur piété, leur dévotion, la lecture à voix basse,

Swâdyâya-jñânayajñâç ća,
yatayas, sańçitavratâs. 28.

Apânê juhwati prâṇam,
prâṇê 'pânaṃ taťâ aparê,
Prâṇâpânagatî rudďwâ,
prâṇâyâmaparâyaṇâs. 29.

Aparê niyatâhârâs
prâṇân prâṇêšu juhwati:
Sarvê 'py êtê yajñavidô
yajñaẋayitakalmašâs. 30.

Yajñaçišṭâmṛtabujô
yânti Brahma sanâtanaṃ.
Na ayaṃ lôkô 'sty ayajñasya,
kutô 'nyas, Kurusattama? 31.

Êvam bahuviďâ yajñâ
vitatâ Brahmaṇô mukê;
Karmajân viddi tân sarvân;
êvaṃ jñâtwâ vimôẋyasê. 32.

Çrêyân dravyamayâd yajñâj
jñânayajñas, parantapa;
Sarvaṃ karmâkilam, Pârťa,
jñânê parisamâpyatê. 33.

la science, et pratiquent la tempérance et les vœux austères ;

D'autres sacrifient l'aspiration dans l'expiration, l'expiration dans l'aspiration, et fermant les voies de l'une et de l'autre s'efforcent de retenir leur haleine ;

D'autres, se réduisant aux aliments nécessaires, offrent les choses mêmes de la vie dans le sacrifice qu'ils en font. Tous ces hommes sont habiles dans l'art des sacrifices et, par là, effacent leurs péchés.

Ceux qui mangent les restes du sacrifice, aliment d'immortalité, vont à l'Eternel Dieu ; mais à celui qui ne fait aucun sacrifice, n'appartient pas même ce monde : comment l'autre, ô le meilleur des Kurus ?

Les divers sacrifices ont été institués de la bouche de Brahma. Comprends qu'ils procèdent tous de l'Acte ; et le comprenant, tu obtiendras la délivrance.

Le sacrifice qui procède de la science vaut mieux que celui qui procède des richesses ; car toute la perfection des actes est comprise dans la science.

Tad viddi praṇipâtêna,
paripraçnêna, sêvayâ :
Upadêxyanti tê jñânaṃ
jñâninas tattwadarçinaḥ; 34.
Yaj jñâtwâ na punar môham
êvaṃ yâsyasi, Pâṇḍava,
Yêna bûtâny açêṣêṇa
draxyasy âtmany, atô mayi. 35.
Api ćêd asi pâpêbyaḥ
sarvêbyaḥ pâpakṛttamaḥ,
Sarvaṃ jñânapluvêna êva
vṛjinaṃ santariṣyasi. 36.
Yatâ êdâṅsi samiddô 'gnir
basmasât kurutê, 'rjuna,
Jñânâgniḥ sarvakarmâṇi
basmasât kurutê tatâ. 37.
Na hi jñânêna sadṛçam
pavitram iha vidyatê ;
Tat swayaṃ yôgasaṅsiddaḥ
kâlêna âtmani vindati. 38.
Çraddâvâṅl labatê jñânaṃ,
tatparaḥ, saṃyatêndriyaḥ ;
Jñânaṃ labdwâ, parâṃ çântim
aćirêṇa adigaććati. 39.
Ajñaç ća açraddadânaç ća
saṅçayâtmâ vinaçyati ;
Na ayaṃ lôkô 'sti, na parô,
na sukaṃ, saṅçayâtmanaḥ. 40.

Sache que celle-ci s'obtient en honorant, en interrogeant, en servant les sages ; ces sages qui voient la vérité sont ceux qui t'enseigneront la science.

Quand tu la posséderas, tu n'éprouveras plus de défaillances, fils de Pându ; par elle tu verras tous les vivants dans l'Ame, et puis en moi.

Quand même tu aurais commis plus de péchés que tous les pécheurs, sur le vaisseau de la science tu traverseras tout péché.

Comme un feu allumé réduit le bois en cendre, Arjuna, ainsi le feu de la science consume toutes les œuvres ;

Car il n'est point d'eau lustrale pareille à la science. Celui qui s'est perfectionné par l'Union mystique, avec le temps trouve la science en lui-même ;

L'homme de foi l'acquiert, quand il est tout à elle et maître de ses sens ; et quand il l'a acquise, il arrive bientôt à la béatitude.

Mais l'homme ignorant et sans foi, livré au doute, est perdu ; car ni ce monde, ni l'autre, ni la félicité, ne sont pour l'homme livré au doute.

Yôgasannyastakarmâṇaṃ
jñânasañćinnasaṅçayam
Âtmavantaṃ na karmâṇi
nibad͑nanti, d͑anañjaya. 41.
Tasmâd ajñânasamb͑ûtaṃ,
hṛtst͑aṃ, jñânâsinâtmanaḥ
C͑ittwâ ênaṃ saṅçayaṃ, yôgam
âtiṡṭ͑a, uttiṡṭ͑a, B͑ârata. 42.

Iti Çrîb͑agavadgîtâḥ...., jñânayôgô nâma, ćaturt͑ô 'd͑yâyaḥ.

V.

Arjuna uvâća :

Sannyâsaṃ karmaṇâm, Kṛṡṇa,
punar yôgaṃ ća çaṅsasi;
Yać ćrêya êtayôr êkaṃ?
tan mê brûhi suniçćitaṃ. 1.

Çrîbagavâu uvâća :

Sannyâsaḥ karmayôgaç ća
niḥçrêyasakarâw ub͑æ;
Tayôs tu karmasannyâsât
karmayôgô viçiṡyatê. 2.

Celui qui par l'Union divine s'est détaché des œuvres, qui par la science a retranché le doute; est rendu à lui-même et n'est plus enchaîné par l'action.

Ainsi donc, fils de Bhârata, ce doute qui naît de l'ignorance et qui siége dans le cœur, tranche-le avec le glaive de la science, marche à l'Union et lève-toi.

V.

YOGA DU RENONCEMENT DES OEUVRES.

Arjuna.

Tu loues d'une part, ô Krishna, le renoncement des œuvres, et de l'autre part l'Union mystique : laquelle des deux est la meilleure? dis-le-moi clairement.

Le Bienheureux.

Le renoncement et l'Union mystique des œuvres procurent toutes deux la béatitude; cependant l'Union vaut mieux que le renoncement.

Jñêyaḥ sa nityasannyâsî
yô na dwêšṭi, na kâṅxati;
Nirdwandwô hi, mahâvâhô,
suḱam banďât pramućyatê. 3.

Sâṅḱyayôgau pṛṫag bâlâḥ
pravadanti, na paṇḍitâḥ;
Êkam apy âsṫitaḥ samyag
uḃayôr vindatê ṕalam. 4.

Yat sâṅḱyaiḥ prâpyatê sṫânaṃ,
tad yôgair api gamyatê;
Êkaṃ sâṅḱyañ ća yôgañ ća
yaḥ paçyati, sa paçyati. 5.

Sannyâsas tu, mahâvâhô,
duḥḱam âptum ayôgataḥ;
Yôgayuktô munir Brahma
naćirêṇa aďigaććati; 6.

Yôgayuktô, viçuddâtmâ,
vijitâtmâ, jitêndriyaḥ,
Sarvaḃûtâtmaḃûtâtmâ,
kurvann api na lipyatê. 7.

« Na êva kiñćit karômi » iti
yuktô manyêta tattwavit,
Paçyan, çṛṇwan, spṛçan, jiġrann,
açnan, gaććan, swapan, çwasan, 8.

Pralapan, visṛjan, gṛhṇann,
unmišan, nimišann api;

Il faut regarder comme constant dans le renoncement celui qui n'a ni haines ni désirs; car celui qui n'a point ces deux affections est aisément dégagé du lien des œuvres.

Les enfants séparent la doctrine rationnelle de l'Union mystique, mais non les sages. En effet, celui qui s'adonne entièrement à l'une perçoit le fruit de l'autre ;

Le séjour où l'on parvient par les méditations de la raison, on y arrive aussi par les actes de l'Union mystique ; et celui qui voit une seule chose dans ces deux méthodes, voit bien.

Mais, héros au grand char, leur réunion est difficile à atteindre sans l'Union elle-même, tandis que le solitaire qui s'y livre, arrive bientôt à Dieu :

Adonné à cette pratique, l'âme purifiée, victorieux de lui-même et de ses sens, vivant de la vie de tous les vivants, il n'est pas souillé par son œuvre.

« Ce n'est pas moi qui agis : » qu'ainsi pense le Yôgî connaissant la vérité, quand il voit, entend, touche, flaire, mange, marche, dort, respire,

Parle, quitte ou prend quelque chose, ouvre

« Indriyâṇi indriyârṫêṡu
vartanta » iti ďârayan. 9.

Brahmaṇy âďâya karmâṇi,
saẏgaṃ tyaktwâ karôti yaḥ,
Lipyatê na sa pâpêna,
padmapatram iva amƀasâ. 10.

Kâyêna, manasâ, buďďyâ,
kêvalær indriyær api,
Yôginaḥ karma kurvanti,
saẏgaṃ tyaktwâ âtmaçuďďayê. 11.

Yuktaḥ, karmap'alaṃ tyaktwâ,
çântim âpnôti næṡṭikîṃ ;
Ayuktaḥ kâmakârêṇa,
p'alê saktô, nibaďyatê. 12.

Sarvakarmâṇi manasâ
sannyasya âstê suk'aṃ vaçî
Navadwârê purê dêhî,
na êva kurvan, na kârayan. 13.

Na kartṛtwaṃ, na karmâṇi
lôkasya sṛjati praƀuḥ,
Na karmap'alasaṃyôgaṃ ;
swaƀâvas tu pravartatê ; 14.

Na âdattê kasyaćit pâpaṃ,
na ća êva sukṛtaṃ viƀuḥ ;
Ajñânêna âvṛtaṃ jñânaṃ ;
têna muhyanti jantavaḥ. 15.

ou ferme les yeux ; et qu'il se dise : « Les sens sont faits pour les objets sensibles. »

Celui qui, ayant chassé le désir, accomplit les œuvres en vue de Dieu, n'est pas plus souillé par le péché que, par l'eau, la feuille du lotus.

Par leur corps, par leur esprit, par leur raison, par tous leurs sens même, les Yôgis opèrent l'œuvre sans en désirer le fruit, pour leur propre purification;

Et par cette abnégation, ils atteignent à la béatitude suprême. Mais l'homme qui ne pratique pas l'Union sainte et qui demeure attentif au fruit des œuvres, est enchaîné par la puissance du désir.

Le mortel qui, par la force de son esprit, pratique l'abnégation dans tous ses actes, habite paisible et tout puissant dans la cité aux neuf portes (*le corps qui a neuf ouvertures*), sans agir et sans être la cause d'aucune action.

Le Maître du monde ne crée ni l'activité, ni les actes, ni la tendance à jouir du fruit des œuvres ; c'est le résultat de la nature individuelle.

Le Seigneur ne se charge ni des péchés, ni des bonnes œuvres de personne. L'ignorance couvre la science : ainsi errent les créatures.

Jñânêna tu tad ajñânaṃ
yêṡâṃ nâçitam âtmanaḣ,
Têṡâm âdityavaj jñânaṃ
prakâçayati tat paraṃ. 16.

Tad-buddhayas, tad-âtmânas,
tan-niṡṭâs, tat-parâyaṇâḣ,
Gaććanty apunarâvṛttiṃ,
jñânanirdhûtakalmaṡâḣ. 17.

Vidyâ-vinayasampannê
brâhmaṇê, gavi, hastini,
Çuni ća êva, çwapâkê ća
paṇḍitâḣ samadarçinaḣ. 18.

Iha êva tær jitaḣ sargô,
yêṡâṃ sâmyê sṫitam manaḣ.
Nirdôṡaṃ hi samam Brahma;
tasmâd Brahmaṇi tê sṫitâḣ. 19.

Na prahṛṡyêt priyam prâpya,
na utvijêt prâpya ća apriyaṃ.
Sṫirabuddhir, asammûḍhô,
Brahmavid, Brahmaṇi sṫitaḣ, 20.

Vâhyasparçêṡw asaktâtmâ,
vindaty âtmani yat sukaṃ;
Sa brahmayôgayuktâtmâ
sukam axayam açnutê, 21.

Mais pour ceux dans l'âme desquels la science a détruit l'ignorance, la science, comme un soleil, illumine en eux l'idée de cet être Suprême :

Pensant à Lui, partageant son essence, séjournant en Lui, tout entiers à Lui, ils marchent par une route d'où l'on ne revient pas, délivrés par la science de leurs péchés.

Dans le brâhmane doué de science et de modestie, dans le bœuf et l'éléphant, dans le chien même et dans celui qui mange du chien, les sages voient l'Identique.

Ici-bas ceux-là ont vaincu la nature, dont l'esprit se tient ferme dans l'identité : car l'Identique Dieu est sans péché ; c'est pourquoi ils demeurent fermes en Dieu.

Un tel homme ne se réjouit pas d'un accident agréable ; il ne s'attriste pas d'un accident fâcheux. La pensée ferme, inébranlable, songeant à Dieu, fixé en Dieu,

Libre des contacts extérieurs, il trouve en lui-même sa félicité : et ainsi, celui que l'Union mystique unit à Dieu, jouit d'une béatitude impérissable.

Yê hi saṅsparçajâ ƀôgâ,
duḣk̔ayônaya êva tê;
Adyantavantaḣ, Kæntêya;
na têšu ramatê buđaḣ. 22.
Çaknôti iha êva yaḣ sôḍum,
prâk çarîravimôẋanât,
Kâma-krôđôdƀavaṃ vêgaṃ,
sa yuktaḣ, sa suk̔î naraḣ. 25.
Yô 'ntaḣsuk̔ô 'ntarârâmas,
tat̔â antarjyôtir êva yaḣ,
Sa yôgî Brahmanirvâṇam
Brahmaƀûtô 'đigaććati. 24.
Laƀantê Brahmanirvâṇam
ṛšayaḣ ẋîṇakalmašâḣ,
C̔innadwæđâ, yatâtmânaḣ,
sarvaƀûtahitê ratâḣ. 25.
Kâma-krôđaviyuktânâṃ,
yatînâṃ, yataćêtasâṃ,
Aƀitô Brahmanirvâṇaṃ
vartatê viditâtmanâṃ. 26.
Sparçân kṛtwâ vahir vâhyâṅç,
ćaẋuç ća êva antarê ƀruvôḣ,
Prâṇâpânæ samæ kṛtwâ
nâsâƀyantaraćâriṇæ, 27.
Yatêndriya-manô-buddir
munir, môẋaparâyaṇaḣ,

Car les plaisirs nés des contacts engendrent la douleur ; ils commencent et finissent, fils de Kuntî ; le sage n'y trouve pas sa joie.

Si l'on peut ici-bas, avant d'être dégagé du corps, soutenir le choc du désir et de la passion, on est Uni spirituellement, on est heureux.

Celui qui trouve en lui-même son bonheur, sa joie, et en lui-même aussi sa lumière, est un Yôgî qui va s'éteindre en Dieu, s'unir à l'être de Dieu.

Ainsi s'éteignent en Dieu les Rishis dont les fautes sont effacées, dont l'esprit ne s'est point partagé, qui se sont domptés eux-mêmes et se sont réjouis du bien de tous les vivants.

Quand on est dégagé d'amour et de haine, qu'on a soumis et soi-même et sa pensée, qu'on se connaît soi-même, on est tout près de s'éteindre en Dieu.

Quand on a banni les affections nées des contacts, dirigé son regard droit en avant, égalisé les mouvements de sa poitrine,

Dompté ses sens, dirigé sa pensée et sa raison exclusivement vers la délivrance ; lorsque le dé-

Vigatêććâ-ƀaya-krôďô,
yaḥ sadâ mukta êva saḥ, 28.
B'ôktâraṃ yajñatapasâṃ,
sarvalôkamahêçwaraṃ,
Suhṛdaṃ sarvaƀûtânâṃ
jñâtwâ mâṃ, çântiṃ ṛććati. 29.

Iti Çrîƀagavadgîtâḥ...., karmasannyâsayôgô nâma, pañćamô 'dyâyaḥ.

VI.

Çrîbagavân uvâća :

Anâçritaḥ karmap'alaṃ,
kâryaṃ karma karôti yaḥ,
Sa sannyâsî ća yôgî ća ;
na niragnir, na ća akriyaḥ. 1.
Yaṃ sannyâsam iti prâhur,
yôgaṃ taṃ viddi, Pâṇḍava ;
Na hy asannyastasaṃkalpô
yôgî ƀavati kaçćana. 2.
Âruruxôr munêr yôgaṃ
karma kâraṇam ućyatê ;
Yôgârûḍasya tasya êva
çamaḥ kâraṇam ućyatê. 5

sir, la crainte, la passion, étant bannies, parvenu vraiment à la délivrance,

On comprend que je perçois les sacrifices et les austérités, que je suis le grand Souverain des mondes, et l'Ami de tous les vivants : alors on obtient la béatitude.

VI.

YOGA DE LA SOUMISSION DE SOI-MÊME.

Le Bienheureux.

Celui qui, sans aspirer au fruit des œuvres, accomplit l'œuvre prescrite, est un Renonçant et un Yôgî, mais non celui qui néglige le feu sacré et l'œuvre sainte.

Et ce que l'on nomme Renoncement, sache, ô fils de Pându, que c'est l'Union elle-même ; car sans le renoncement de soi-même, nul ne peut s'Unir véritablement.

Au solitaire qui s'efforce vers l'Union sainte, l'œuvre devient une aide ; quand il l'a atteinte, il a pour aide le repos ;

Yadâ hi na indriyârťêšu
na karmasw anušajjatê,
Sarvasaŷkalpasannyâsî
yôgârûḍas tadâ ućyatê. 4.
Udďarêd âtmanâtmânaṃ,
na âtmânam avasâdayêt.
Âtmâ êva hy âtmanô banďur,
âtmâ êva ripur âtmanaḥ. 5.
Banďur âtmâ âtmanas tasya
yêna âtmâ êva âtmanâ jitaḥ;
Anâtmanas tu çatrutwê
vartêt âtmâ êva çatruvat. 6.
Jitâtmanaḥ, praçântasya,
paramâtmâ samâhitaḥ
Çîtôšṇasukďaduḥkêšu,
taťâ mânâpamânayôḥ. 7.
Jñâna-vijñânatṛptâtmâ,
kûṭasťô, vijitêndriyaḥ
« *Yukta* » *ity ućyatê yôgî,*
samalôšṭa-açma-kâñćanaḥ. 8.
Suhṛn-mitra-ary-udâsîna
maďyasťa-dwêšya-banďušu,
Sâďušw api ća pâpêšu
samabudďir viçišyatê. 9.
Yôgî yuñjîta satatam
âtmânam rahasi sťitaḥ,

Car, comme il n'est attaché ni aux objets des sens ni aux œuvres, entièrement dépouillé de lui-même, il a vraiment atteint l'Union divine.

Qu'il s'élève donc et qu'il ne s'abaisse pas ; car l'esprit de l'homme est tantôt son allié, tantôt son ennemi :

Il est l'allié de celui qui s'est vaincu soi-même; mais par inimitié pour ce qui n'est pas spirituel, l'esprit peut agir en ennemi.

Dans l'homme victorieux et pacifié, l'Ame suprême demeure recueillie au milieu du froid et du chaud, du plaisir et de la douleur, des honneurs et de l'opprobre.

L'homme qui se complaît dans la connaissance et dans la science, le cœur en haut, les sens vaincus, tenant pour égaux le caillou, la motte de terre et l'or, a pour nom Yôgî ; car il est Uni spirituellement.

On estime celui qui garde une âme égale envers les amis et les bienveillants, les ennemis, les indifférents et les étrangers, les haineux et les proches, envers les bons aussi et envers les pécheurs.

Que le Yôgî exerce toujours sa dévotion seul,

Êkâkî, yataćittâtmâ,
nirâçîr aparigrahaḥ. 10.
Çućau dêçê pratiṣṭâpya
sṭiram âsanam âtmanaḥ,
Na atyuććritam, na atinîćam
ćêla-ajina-kuçôttaram, 11.
Tatra êkâgram manaḥ kṛtwâ,
yataćittêndriyakriyaḥ,
Upaviçya âsanê yuñjyâd
yôgam âtmaviçuddayê. 12.
Samam kâya-çirô-grîvam
dârayann aćalam, sṭiraḥ
Samprêxya nâsikâgram swam,
diçaç ća anavalôkayan, 13.
Praçântâtmâ, vigatabîr,
Brahmaćârivratê sṭitaḥ,
Manaḥ samyamya, maććittô,
yukta âsîta matparaḥ. 14.
Yuñjann êvam sadâ âtmânam
yôgî niyatamânasaḥ
Çântim nirvânaparamâm
matsansṭâm adigaććati. 15.
Na atyaçnatas tu yôgô 'sti,
na ća êkântam anaçnataḥ;
Na ća atiswapnaçîlasya,
jâgratô na êva ća, Arjuna. 16.

à l'écart, sans compagnie, maître de sa pensée, dépouillé d'espérances.

Que dans un lieu pur il se dresse un siége solide, ni trop haut, ni trop bas, garni d'herbe, de toile et de peau ;

Et que là, l'esprit tendu vers l'Unité, maîtrisant en soi la pensée, les sens et l'action, assis sur ce siége, il s'unisse mentalement en vue de sa purification.

Tenant fermement en équilibre son corps, sa tête et son cou, immobile, le regard incliné en avant, ne le portant d'aucun autre côté,

Le cœur en paix, exempt de crainte, constant dans ses vœux comme un novice, maître de son esprit, que le Yôgî demeure assis et me prenne pour unique objet de sa méditation.

Ainsi, toujours continuant la sainte extase, le Yôgî dont l'esprit est dompté parvient à la béatitude, qui a pour terme l'extinction et qui réside en moi.

L'Union divine n'est ni pour qui mange trop, ni pour qui ne mange rien ; elle n'est ni pour qui dort longtemps, ni pour qui veille toujours, Arjuna.

Yuktâhâra-vihârasya,
yuktaćêṣṭasya karmasu,
Yuktaswapna-avabôđasya
yôgô ƀavati duꞩkahâ. 17.

Yadâ viniyataṃ ćittam
âtmāny êvā āvātiṣṭatê,
Niꞩspṛhaꞩ sarvakâmêƀyô;
« yukta » ity ućyatê tadâ. 18.

Yatâ dîpô nivâtasťô
na iŷgatê, sâ upamâ smṛtâ
Yôginô yataćittasya
yuñjatô yôgam âtmanaꞩ. 19.

Yatra uparaṃatê ćittaṃ
niruddaṃ yôgasêvayâ,
Yatra ća êva âtmanâtmânam
paçyann, âtmani tuṣyati; 20.

Suƙam âtyantikaṃ yat tad,
buddigrahyam, atîndriyaṃ,
Vêtti yatra, na ća êva ayaṃ
sťitaç ćalati tattwataꞩ, 21.

Yaṃ labdwâ ća aparaṃ lâƀam
manyatê na adikaṃ tataꞩ;
Yasmin sťitô na duꞩƙêna
guruṇâ api vićâlyatê : 22.

Taṃ vidyâd duꞩƙasaṃyôga-
viyôgaṃ yôgasañjñitaṃ.

L'Union sainte qui ôte tous les maux, est pour celui qui mange avec mesure, se récrée avec mesure, agit, dort et veille avec mesure.

Lorsque ayant fixé sur lui-même sa pensée entièrement soumise, il s'est dégagé de tous les désirs, c'est alors qu'il est appelé Uni.

Le Yôgî est comme une lampe qui, à l'abri du vent, ne vacille pas, lorsque ayant soumis sa pensée il se livre à l'Union mystique.

Quand la pensée jouit de la quiétude, enchaînée au service de l'Union divine ; quand, se contemplant elle-même, elle se complaît en elle-même ;

Quand elle goûte cette joie infinie que donne seule la science et qui dépasse le sens externe ; quand elle s'attache sans vaciller à l'Essence véritable,

Et que l'ayant saisie elle juge que nulle autre acquisition ne l'égale ; lorsqu'enfin, s'y tenant attachée, elle n'en peut être détournée même par une vive douleur :

Qu'elle sache que cette rupture de tout commerce avec la douleur s'appelle Union mystique.

Sa niçċayêna yôktavyô
yôgô nirviṇṇaċêtasâ. * 23.
Saṅkalpapraƀavân kâmâṅs
tyaktwâ sarvân açêṡataḥ,
Manasâ êva indriyagrâmaṃ
viniyamya samantataḥ, 24.
Çanæḥ çanær uparamêd
buddẏâ ďṛtigṛhîtayâ ;
Âtmasaṅsťam manaḥ kṛtwâ
na kiñċid api ċintayêt. 25.
Yatô yatô niçċarati
manaç ċañċalam asťiraṃ,
Tatas tatô niyamya êtad
âtmany êva vaçaṃ nayêt. 26.
Praçântamanasaṃ hy ênaṃ
yôginaṃ suƙam uttamam
Upæti çântarajasam,
Brahmaƀûtam, akalmaṡaṃ. 27.
Yuñjann êvaṃ sadâ âtmânaṃ
yôgî, vigatakalmaṡaḥ,
Suƙêna Brahmasaṅsparçam
atyantaṃ suƙam açnutê. 28.
Sarvaƀûtasťam âtmânaṃ
sarvaƀûtâni ċa âtmani
Ixatê yôgayuktâtmâ,
sarvatra samadarçanaḥ. 29.

* cf. Borelle - variante éd. Bengalore.

Et cette union doit être pratiquée avec constance, au point que la pensée s'y abîme.

Ayant dépouillé absolument tous les désirs engendrés par l'imagination, et subjugué dans son âme la foule des sensations qui viennent de tous côtés,

Qu'insensiblement l'homme atteigne à la quiétude par sa raison affermie dans la constance, et que son esprit, fermement recueilli en lui-même, ne pense plus à rien autre chose.

Et chaque fois que son esprit inconstant et mobile se porte ailleurs, qu'il lui fasse sentir le frein et le ramène à l'obéissance.

Une félicité suprême pénètre l'âme du Yôgî ; ses passions sont apaisées ; il est devenu en essence Dieu lui-même ; il est sans tache.

Ainsi, par l'exercice persévérant de la sainte Union, l'homme purifié jouit heureusement dans son contact avec Dieu d'une béatitude infinie.

Il voit l'Ame résidant en tous les êtres vivants, et dans l'Ame tous ces êtres, lorsque son âme à lui-même est unie de l'Union divine et qu'il voit de toutes parts l'Identité.

Yô mâṃ paçyati sarvatra
sarvaṃ ća mayi paçyati,
Tasya ahaṃ na praṇaçyâmi,
sa ća mê na praṇaçyati. 30.
Sarvab̔ûtas̔t̔itaṃ yô mâm
b̔ajaty, êkatwam âs̔t̔itaḥ,
Sarvat̔â vartamânô 'pi,
sa yôgî mayi vartatê. 31.
Atmæpamyêna sarvatra
samam paçyati yô, 'rjuna,
Suk̔aṃ vâ yadi vâ duḥk̔aṃ,
sa yôgî paramô mataḥ. 32.

Arjuna uvâća :

Yô 'yaṃ yôgas twayâ prôktaḥ
sâmyêna, Mad̔usûdana,
Êtasya ahaṃ na paçyâmi
ćañćalatwât s̔t̔itiṃ s̔t̔irâṃ. 33.
Ćañćalaṃ hi manaḥ, Kṛṣṇa,
pramât̔i, balavad, dṛḍ̔aṃ;
Tasya ahaṃ nigraham manyê,
vâyôr iva, suduṣkaraṃ. 34.

Çrîb̔agavân uvâća :

Açaṅsayam, mahâvâhô,
manô durnigrahaṃ, ćalaṃ;
Ab̔yâsêna tu, Kæntêya,
værâgyêna ća gṛhyatê. 35.

Celui qui me voit partout et qui voit tout en moi ne peut plus me perdre ni être perdu pour moi.

Celui qui adore mon essence résidant en tous les êtres vivants, et qui demeure ferme dans le spectacle de l'Unité, en quelque situation qu'il se trouve, est toujours avec moi.

Celuï, Arjuna, qui, instruit par sa propre identité, voit l'Identité partout, heureux ou malheureux, est un Yôgin excellent.

Arjuna.

Cette Union mystique que tu places dans l'Identité, ô meurtrier de Madhu, je ne vois pas que l'inconstance de l'esprit lui laisse une assiette solide.

Car l'esprit est inconstant, ô Krishna, il est mobile, puissant et violent ; il me semble aussi difficile à soumettre que le vent. Manas

Le Bienheureux.

Sans doute, ô héros, l'esprit est mobile et difficile à saisir ; mais par l'exercice et par l'expulsion des passions, fils de Kuntî, on le saisit.

Asaṃyatâtmanâ yôgô
duṡprâpa, iti mê matiḥ;
Vaçyâtmanâ tu yatatâ
çakyô 'vâptum upâyataḥ. 36.

Arjuna uvâća :

Ayatiḥ, çraddayôpêtô,
yôgâć ćalitamânasaḥ,
Aprâpya yôgasaṅsiddim,
kâṃ gatiṃ, Kṛṡṇa, gaćčati? 37.
Kaççin na uƀayaviƀraṡṭaç,
činnâƀram iva, naçyati,
Apratiṡṭô, mahâvâhô,
vimûḍô Brahmaṇaḥ paṫi? 38.
Etam mê saṅçayam, Kṛṡṇa,
čêttum arhasy açêṡataḥ;
Twadanyaḥ saṅçayasya asya
čêttâ na hy upapadyatê. 39.

Çrîƀagavân uvâća :

Pârṫa, na êva iha na âmutra
vinâças tasya vidyatê;
Na hi kalyâṇakṛit kaççid
durgatiṃ, tâta, gaćčati. 40.
Prâpya puṇyakṛtâṃ lôkân,
uṡitwâ çâçwatîḥ samâḥ,
Çućînâṃ çrîmatâṃ gêhê
yôgaƀraṡṭô 'ƀijâyatê. 41.

Pour celui qui ne s'est pas dompté lui-même, l'Union est difficile à atteindre, selon moi ; mais, pour l'homme qui s'est maîtrisé, il est des moyens d'y parvenir.

Arjuna.

L'homme insoumis mais croyant, dont l'esprit s'est éloigné de l'Union divine et n'a pu en atteindre la perfection, dans quelle voie entre-t-il, ô Krishna ?

Repoussé de part et d'autre, disparaît-il comme le nuage entr'ouvert, ne s'arrêtant plus, perdu loin du sentier divin ?

Veuille, ô Krishna, me résoudre entièrement ce doute : nul autre que toi ne saurait le dissiper.

Le Bienheureux.

Fils de Prithâ, ni ici-bas, ni là-bas cet homme ne peut s'anéantir : un homme de bien, mon ami, n'entre jamais dans la voie malheureuse.

Il se rend à la demeure des purs ; il y habite un grand nombre d'années ; puis il renaît dans une famille de purs et de bienheureux,

Ata vâ yôginâm êva
kulê bavati dîmatâm;
Êtad di durlabataram
lôkê janma yad îdrçam. 42.
Tatra tam buddisamyôgam
labatê pœrvadæhikam,
Yatatê ća tatô bûyas
sansiddœ, Kurunandana. 43.
Pûrvâ abyâsêna têna êva
hriyatê hy avaçô 'pi sas;
Jijñâsur api yôgasya
çabdabrahma ativartatê; 44.
Prayatnâd yatamânas tu
yôgî, sançuddakilvišas,
Anêkajanmasansiddas,
tatô yâti parâm gatim. 45.
Tapaswibyô 'dikô yôgî,
jñânibyô 'pi matô 'dikas,
Karmibyaç ća adikô yôgî:
tasmâd yôgî bava, Arjuna. 46.
Yôginâm api sarvêšâm
madgatêna antarâtmanâ,
Çraddâvân bajatê yô mâm,
sa mê yuktatamô matas. 47.

Iti Çrîbagavadgîtâs...., âtmasamyamayôgô nâma, šašṭô 'dyâyas.

Ou même de sages pratiquant l'Union mystique : or il est bien difficile d'obtenir en ce monde une telle origine.

Alors il reprend le pieux exercice qu'il avait pratiqué dans sa vie antérieure, et il s'efforce davantage vers la perfection, ô fils de Kuru ;

Car sa précédente éducation l'entraîne sans qu'il le veuille, lors même que dans son désir d'arriver à l'Union il transgresse la doctrine brâhmanique.

Comme il a dompté son esprit par l'effort, le Yôgî purifié de ses souillures, perfectionné par plusieurs naissances, entre enfin dans la voie suprême.

Il est alors considéré comme supérieur aux ascètes, supérieur aux sages, supérieur aux hommes d'action. Unis-toi donc, ô Arjuna.

Car entre tous ceux qui pratiquent l'Union, celui qui, venant à moi dans son cœur, m'adore avec foi, est jugé par moi le mieux uni de tous.

VII.

Çrîbagavân uvâća :

Mayy âsaktamanâs, Pârta,
yôgaṃ yuñjan, madâçrayas,
Asaṅçayaṃ samagram mâṃ
yatâ jñâsyasi, tać çṛṇu. 1.
Jñânaṃ tê 'haṃ savidjñânam
idaṃ vaxyâmy açêśatas;
Yaj jñâtwâ, na iha bûyô 'nyaj
jñâtavyam avaçiśyatê. 2.
Manuśyâṇâṃ sahasrêśu
kaççid yatati siddayê:
Yatatâm api siddânâṃ
kaççin mâṃ vêtti tattwatas. 3.
B'ûmir, âpô, 'nalô, vâyus,
kam, manô, buddir êva ća,
Ahaṃkâra, iti iyam mê
binnâ prakṛtir aśṭadâ. 4.
Apara iyam; itas tw anyâm
prakṛtiṃ viddi mê parâṃ,
Jîvabûtâm, mahâvâhô,
yaya idaṃ dâryatê jagat. 5.
Êtadyônîni bûtâni
sarvâṇi, ity upadâraya.

VII.

YOGA DE LA CONNAISSANCE.

Le Bienheureux.

Si tu fixes sur moi ton esprit, pratiquant l'Union mystique, attentif à moi, écoute, fils de Prithâ, comment alors tu me connaîtras tout entier avec évidence ;

Je vais t'exposer complétement avec ses divisions cette science au delà de laquelle ici-bas il ne reste rien à apprendre.

De tant de milliers d'hommes, quelques-uns seulement s'efforcent vers la perfection ; et parmi ces sages excellents un seul à peine me connaît selon mon essence.

La terre, l'eau, le feu, le vent, l'air, l'esprit, la raison et le moi, telle est ma nature divisée en huit éléments :

C'est l'inférieure. Connais-en maintenant une autre qui est ma nature supérieure, principe de vie qui soutient le monde.

C'est dans son sein que résident tous les êtres

Ahaṃ kṛtsnasya jagataḥ
praḃavaḥ, pralayas taṫâ. 6.
Mattaḥ parataraṃ na anyat
kiñċid asti, ḋanañjaya.
Mayi sarvam idaṃ prôtaṃ,
sûtrê maṇigaṇâ iva. 7.
Rasô 'ham apsu, Kœntêya,
praḃâ asmi çaçisûryayôḥ,
Praṇavaḥ sarvavêdêṡu,
çabdaḥ kê, pœruṡaṃ nṛṡu; 8.
Puṇyô ganḋaḥ pṛṫivyâṃ ċa,
têjaç ċa asmi viḃâvasœ;
Jîvanaṃ sarvaḃûtêṡu,
tapaç ċa asmi tapaswiṡu. 9.
Vîjam mâṃ sarvaḃûtânâṃ
viddi, Pârṫa, sanâtanam;
Buddir buddimatâm asmi,
têjas têjaswinâm ahaṃ; 10.
Balam balavatâṃ ċa ahaṃ
kâmarâgavivarjitaṃ;
Ḋarmâviruddô ḃûtêṡu
kâmô 'smi, Ḃaratarṡaḃa; 11.
Yê ċa êva sâttwikâ ḃâvâ,
râjasâs tâmasâç ċa yê,
Matta êva iti tân viddi.
na tw aham têṡu, tê mayi. 12.
Triḃir guṇamayær ḃâvær
êḃiḥ sarvam idaṃ jagat

vivants; comprends-le; car la production et la dissolution de l'Univers, c'est moi-même;

Au-dessus de moi il n'y a rien; à moi est suspendu l'Univers comme une rangée de perles à un fil.

Je suis dans les eaux la saveur, fils de Kuntî; je suis la lumière dans la Lune et le Soleil; la louange dans tous les Vêdas; le son dans l'air; la force masculine dans les hommes;

Le parfum pur dans la terre; dans le feu la splendeur; la vie dans tous les êtres; la continence dans les ascètes.

Sache, fils de Prithâ, que je suis la semence inépuisable de tous les vivants; la science des sages; le courage des vaillants;

La vertu des forts exempte de passion et de désir: je suis dans les êtres animés l'attrait que la justice autorise.

Je suis la source des propriétés qui naissent de la vérité, de la passion et de l'obscurité; mais je ne suis pas en elles, elles sont en moi.

Troublé par les modes de ces trois qualités, ce

Môhitaṃ na ab'ijânâti
mâm êb'yaḥ param, avyayaṃ. 13.
Dævî hy êṡâ guṇamayî
mama mâyâ duratyayâ;
Mâm êva yê prapadyantê,
mâyâm êtâṃ taranti tê. 14.
Na mâṃ duṡkṛtinô, mûḍ'âḥ,
prapadyantê, narâdamâḥ,
Mâyayâ apahṛtajñânâ,
âsuram b'âvam âçritâḥ. 15.
Ćaturvid'â b'ajantê mâṃ
janâḥ sukṛtinô, 'rjuna,
Ârttô, jijñâsur, art'ârt'î,
jñânî ća, B'aratarṡab'a; 16.
Têṡâṃ jñânî, nityayukta,
êkab'aktir viçiṡyatê;
Priyô hi jñâninô 'tyart'am
ahaṃ, sa ća mama priyaḥ. 17.
Udârâḥ sarva êva êtê;
jñânî tw âtmâ êva mê mataṃ;
Âst'itaḥ sa hi yuktâtmâ
mâm êva anuttamâṃ gatiṃ. 18.
Bahûnâṃ janmanâṃ antê
jñânavân mâṃ prapadyatê.
« Vâsudêvaḥ sarvam, » iti
sa mahâtmâ sudurlab'aḥ. 19.

monde entier méconnaît que je leur suis supérieur et que je suis indestructible.

Cette magie que je développe dans les modes des choses est difficile à franchir ; on y échappe en me suivant ;

Mais ne sauraient me suivre, ni les méchants, ni les âmes troublées, ni ces hommes infimes dont l'intelligence est en proie aux illusions des sens et qui sont de la nature des démons.

Quatre classes d'hommes de bien m'adorent, Arjuna : l'affligé, l'homme désireux de savoir, celui qui veut s'enrichir, et le sage.

Ce dernier, toujours en contemplation, attaché à un culte unique, surpasse tous les autres. Car le sage m'aime par dessus toutes choses, et je l'aime de même.

Tous ces serviteurs sont bons ; mais le sage, c'est moi-même ; car dans l'Union mentale il me suit comme sa voie dernière ;

Et après plusieurs renaissances, le sage vient à moi. — « L'Univers, c'est Vâsudêva ; » celui qui parle ainsi ne peut comprendre la Grande Ame de l'Univers.

Kâmæs tæs tær hṛtajñânâḥ
prapadyantê 'nyadêvatâḥ,
Taṃ taṃ niyamam âsṭâya,
prakṛtyâ niyatâḥ swayâ. 20.
Yô yô yâṃ yâṃ tanum baktaḥ
çraddayâ arcitum iccati,
Tasya tasya acalâṃ çraddâṃ
tâm êva vidadâmy ahaṃ. 21.
Sa tayâ çraddayâ yuktas
tasya ârâdanam îhatê,
Labatê ca tataḥ kâmân,
mayâ êva vihitân hitân. 22.
Antavat tu p'alaṃ têṡâṃ
tad bavaty alpacêtasâṃ;
Dêvân dêvayajô yânti,
mad-baktâ yânti mâm api. 23.
Avyaktaṃ vyaktim âpannam
manyantê mâm abuddayaḥ,
Param bâvam ajânantô
mama avyayam, anuttamaṃ. 24.
Na aham prakâçaḥ sarvasya,
yôgamâyâsamâvṛtaḥ;
Mûdô 'yaṃ na abijânâti
lôkô mâm ajam, avyayaṃ; 25.
Vêda ahaṃ samatîtâni
vartamânâni ca, Arjuna,
B'aviṡyâṇi ca bûtâni;
mâṃ tu vêda na kaçcana. 26.

Ceux dont l'intelligence est en proie aux désirs se tournent vers d'autres divinités ; ils suivent chacun son culte, enchaînés qu'ils sont par leur propre nature.

Quelle que soit la personne divine à laquelle un homme offre son culte, j'affermis sa foi en ce dieu ;

Tout plein de sa croyance, il s'efforce de le servir ; et il obtient de lui les biens qu'il désire et dont je suis le distributeur.

Mais bornée est la récompense de ces hommes de peu d'intelligence : ceux qui sacrifient aux dieux vont aux dieux ; ceux qui m'adorent viennent à moi.

Les ignorants me croient visible, moi qui suis invisible : c'est qu'ils ne connaissent pas ma nature supérieure, inaltérable et suprême ;

Car je ne me manifeste pas à tous, enveloppé que je suis dans la magie que l'Union spirituelle dissipe. Le monde plein de trouble ne me connaît pas, moi qui suis exempt de naissance et de destruction.

Je connais les êtres passés et présents, Arjuna, et ceux qui seront : mais nul d'eux ne me connaît.

Iććâ-dwêśasamutťêna
dwandwamôhêna, B'ârata,
Sarvaťûtâni sammôhaṃ
sargê yânti, parantapa. 27.
Yêśâṃ tw antargatam pâpaṃ
janânâṃ puṇyakarmaṇâṃ
Tê dwandwamôhanirmuktâ
ťajantê mâṃ dṛďavratâḥ. 28.
Jarâ-maraṇamôxâya,
mâṃ âçritya, yatanti yê,
Tê Brahma tad viduḥ kṛtsnam,
Aďyâtmaṃ, Karma ća akilaṃ. 29.
Sâďibûta-aďidævam mâṃ
sâďiyajñaṃ ća yê viduḥ,
Prayâṇakâlê 'pi ća mâṃ
tê vidur yuktaćêtasaḥ. 30.

Iti Çrîťagavadgîtâḥ...., vijñânayôgô nâma, saptamô 'ďyâyaḥ.

VIII.

Arjuna uvâća :

Kiṃ tad Brahma, kim Aďyâtmaṃ,
kiṃ Karma, puruśôttama?
Aďiťûtaṃ ća kim prôktam,
Aďidævaṃ kim ućyatê? 1.

Par le trouble d'esprit qu'engendrent les désirs et les aversions, ô Bhârata, tous les vivants en ce monde courent à l'erreur ;

Mais ceux qui par la pureté des œuvres ont effacé leurs péchés, échappent au trouble de l'erreur et m'adorent dans la persévérance.

Ceux qui se réfugient en moi et cherchent en moi la délivrance de la vieillesse et de la mort, connaissent Dieu, l'Ame suprême, et l'Acte dans sa plénitude ;

Et ceux qui savent que je suis le Premier Vivant, la Divinité Première, et le Premier Sacrifice, ceux-là, au jour même du départ, unis à moi par la pensée, me connaissent encore.

VIII.

YOGA DE DIEU INDIVISIBLE ET SUPRÊME.

Arjuna.

Qu'est-ce que Dieu, ô meurtrier de Madhu, et l'Ame Suprême? qu'est-ce que l'Acte? qu'appelles-tu Premier Vivant et Divinité Première?

Ădiyajñas katam kô 'tra
dêhê 'smin, Madusûdana?
Prayâṇakâlê ća katam
jñêyô 'si niyatâtmabis? 2.

Çrîbagavân uvâća:

Axaram Brahma paramam;
swabâvô 'dyâtmam ućyatê;
B'ûtabâvôdbavakarô
visargas karmasañjñitam; 3.
Ădibûtam xarô bâvas;
puruśaç ća adidævatam;
Ădiyajñô 'ham êva atra
dêhê, dêhabṛtâm vara; 4.
Antakâlê ća mâm êva
smaran, muktwâ kalêvaram,
Yas prayâti, sa madbâvam
yâti, na asty atra sañçayas. 5.
Yam yam va api smaran bâvam
tyajaty antê kalêvaram,
Tam tam êva êti, Kæntêya,
sadâ tadbâvabâvitas. 6.
Tasmât sarvêśu kâlêśu
mâm anusmara, yudya ća;
Mayy arpitamanôbuddir
mâm êva êśyasy asañçayas. 7.

Comment celui qui habite ici dans ce corps peut-il être le Premier Sacrifice? Et comment au jour de la mort peux-tu être dans la pensée des hommes maîtres d'eux-mêmes?

Le Bienheureux.

J'appelle Dieu le principe neutre suprême et indivisible ; Ame suprême la substance intime ; Acte l'émanation qui produit l'existence substantielle des êtres ;

Premier Vivant la substance divisible ; Divinité Première le principe masculin ; c'est moi-même qui, incarné, suis le Premier Sacrifice, ô le meilleur des hommes ;

Et celui qui, à l'heure finale, se souvient de moi et part dégagé de son cadavre, rentre dans ma substance ; il n'y a là aucun doute ;

Mais si à la fin de sa vie, quand il quitte son corps, il pense à quelque autre substance, c'est à celle-là qu'il se rend, puisque c'est sur elle qu'il s'est modelé.

C'est pourquoi, fils de Kuntî, dans tous les temps pense à moi, et combats : l'esprit et la raison dirigées vers moi, tu viendras à moi, n'en doute pas ;

Ab̆yâsayôgayuktêna
ćêtasâ ananyagâminâ,
Paramam puruṡaṃ divyaṃ
yâti, Pârṫa, anućintayan. 8.

Kaviṃ purâṇaṃ, anuçâsitâram,
aṇôraṇîyâṃ samanusmarêd yaḣ,
Sarvasya d̆âtâram, aćintyarûpam,
âdityavarṇaṃ tamasaḣ parastât, 9.

Prayâṇakâlê manasâćalêna
b̆aktyâ yuktô, yôgabalêna ća êva
B̆ruvôr mad̆yê prâṇam âvêçya samyak,
sa tam param puruṡam upæti divyam. 10.

Yad axaraṃ vêdavidô vadanti,
viçanti yad yatayô vîtarâgâḣ,
Yad ićc̈antô brahmaćaryaṃ ćaranti,
tat tê padaṃ saṅgrahêṇa pravaxyê. 11.

Sarvadwârâṇi saṃyamya,
manô hṛdi nirud̆ya ća,
Mûrd̆ny âd̆âya âtmanaḣ prâṇam,
âsṫitô yôgad̆âraṇâm, 12.

« Ôm » ity êkâxaram Brahma
vyâharan, mâm anusmaran,

Car lorsque la pensée me demeure constamment unie et ne s'égare pas ailleurs, on retourne à l'Esprit céleste et suprême sur lequel on méditait.

— Ce poëte antique, modérateur du monde, plus délié que l'atôme, soutien de l'Univers, incompréhensible en sa forme, brillant au-dessus des ténèbres avec l'éclat du Soleil :

L'homme qui médite sur cet être, ferme en son cœur au jour de la mort, uni à lui par l'amour et par l'Union mystique, réunissant en ses sourcils le souffle vital, se rend vers l'Esprit suprême et céleste.

Cette voie que les docteurs vêdiques nomment l'Indivisible ; où marchent les hommes maîtres d'eux-mêmes et exempts de passions ; que désirent ceux qui embrassent le saint noviciat : je vais te l'exposer en peu de mots.

— Toutes les portes des sens étant fermées, l'esprit concentré dans le cœur et le souffle vital dans la tête, ferme et persévérant dans l'Union spirituelle,

Adressant le mot mystique ôm à Dieu unique et indivisible, et se souvenant de moi : celui qui

Yaḥ prayâti tyajan dêhaṃ,
sa yâti paramâṃ gatiṃ. 13.
Ananyaćêtâḥ satataṃ
yô mâṃ smarati nityaçaḥ,
Tasya ahaṃ sulab́aḥ, Pârt́a,
nityayuktasya yôginaḥ. 14.
Mâm upêtya punar janma
duḥḱâlayam, açâçwataṃ,
Na âpnuvanti mahâtmânaḥ,
saṅsidd́im paramâṃ gatâḥ. 15.
Abrahmab́uvanâl lôkâḥ
punar âvartinô, 'rjuna;
Mâm upêtya tu, Kœntêya,
punar janma na vidyatê. 16.
Sahasrayugaparyantam
ahar yê Brahmaṇô viduḥ,
Râtriṃ yugasahasrântâṃ,
tê 'hôrâtravidô janâḥ. 17.
Avyaktâd vyaktayaḥ sarvaḥ
prab́avanty aharâgamê;
Râtryâgamê pralîyantê
tatra êva avyaktasañjñakê. 18.
B́ûtagrâmaḥ sa êva ayam
b́ûtwâ b́ûtwâ pralîyatê
Râtryâgamê 'vaçaḥ, Pârt́a,
prab́avaty aharâgamê. 19.
Paras tasmât tu b́âvô 'nyô
'vyaktô vyaktât, sanâtanaḥ,

part ainsi abandonnant son corps, marche dans la voie suprême.

L'homme qui, ne pensant à nulle autre chose, se souvient de moi sans cesse, est un Yogî perpétuellement uni et auquel je donne accès jusqu'à moi.

Parvenues jusqu'à moi, ces grandes âmes qui ont atteint la perfection suprême, ne rentrent plus dans cette vie périssable, séjour de maux.

Les mondes retournent à Brahmâ, ô Arjuna ; mais celui qui m'a atteint ne doit plus renaître.

Ceux qui savent que le jour de Brahmâ finit après mille âges et que sa nuit comprend aussi mille âges, connaissent le jour et la nuit.

Toutes les choses visibles sortent de l'Invisible à l'approche du jour ; et quand la nuit approche, elles se résolvent dans ce même Invisible.

Ainsi tout cet ensemble d'êtres vit et revit tour à tour, se dissipe à l'approche de la nuit, et renaît à l'arrivée du jour.

Mais outre cette nature visible, il en existe une autre, invisible, éternelle : quand tous les êtres

Yaḥ sa sarvêšu ƀûtêšu
naçyatsu na vinaçyati; 20.
Avyaktô 'x̊ara ity uktas;
tam âhuḥ paramâṃ gatiṃ;
Yam prâpya na nivartantê,
tat đâma paramam mama. 21.
Purušaḥ sa paraḥ, Pârt'a,
ƀaktyâ laƀyas tw ananyayâ,
Yasya antaḥst'âni ƀûtâni,
yêna sarvam idaṃ tataṃ. 22.
Yatra kâlê tw anâvṛttim
âvṛttiṃ ća êva yôginaḥ
Prayâtâ yânti, taṃ kâlaṃ
vax̊yâmi, B'arataršaƀa. 23.
Agnir, jyôtir, ahaḥ, çuklaḥ,
šaṇ mâsâ uttarâyaṇaṃ,
Tatra prayâtâ gaććanti
Brahma Brahmavidô janâḥ. 24.
Đûmô, râtrîs, tat'â kṛšṇaḥ,
šaṇ mâsâ dax̊iṇâyanaṃ,
Tatra ćândramasaṃ jyôtir
yôgî prâpya nivartatê. 25.
Çuklakṛšṇê gatî hy êtê
jagataḥ çâçwatê matê;

périssent, elle ne périt pas; on l'appelle l'Invisible et l'Indivisible ;

C'est elle qui est la voie suprême ; quand on l'a atteinte, on ne revient plus ; c'est là ma demeure suprême.

On peut, fils de Prithâ, par une adoration exclusive, atteindre à ce premier Principe masculin, en qui reposent tous les êtres, par qui a été développé cet Univers.

En quel moment ceux qui pratiquent l'Union partent-ils pour ne plus revenir ou pour revenir encore, c'est aussi ce que vais t'apprendre, fils de Bhârata.

Le feu, la lumière, le jour, la Lune croissante, les six mois où le Soleil est au nord, voilà le temps où les hommes qui connaissent Dieu se rendent à Dieu.

La fumée, la nuit, le déclin de la Lune, les six mois du sud, sont le temps où un Yôgî se rend dans l'orbe de la Lune pour en revenir plus tard.

Voilà l'éternelle double route, claire ou ténébreuse, objet de foi ici-bas, conduisant, d'une

Êkayâ yâty anâvṛttim,
anyayâ vartatê punaḥ. 26.
Na êtê sṛtî, Pârta, jânan
yôgî muhyati kaççana.
Tasmât sarvêṡu kâlêṡu
yôgayuktô ƀava, Arjuna. 27.
Vêdêṡu, yajñêṡu, tapaḥsu ća êva,
dânêṡu yat puṇyap'alam pradiṡṭaṃ,
Atyêti tat sarvam idaṃ viditwâ
yôgî, paraṃ s'tânam upæti ća âdyaṃ. 28.

Iti Çrîƀagavadgîtâḥ...., axaraparaƀrahmayôgô nâma, aṡṭamô 'đyâyaḥ.

IX.

Çrîbagavân uvâća :

Idaṃ tu tê guhyatamam
pravaxyâmy anasûyavê
Jñânaṃ vijñânasahitaṃ,
yaj jñâtwâ môxyasê 'çuƀât; 1.
Râjavidyâ, râjaguhyam,
pavitram idam uttamaṃ,
Pratyaxâvagamaṃ, đarmyaṃ,
susuk'aṃ kartum, avyayaṃ. 2.

part, là d'où l'on ne revient plus, et, de l'autre, là d'où l'on doit revenir.

Connaissant l'une et l'autre, fils de Prithâ, le dévot ne se trouble pas. Ainsi donc, en tout temps, sois uni dans l'Union spirituelle.

— Le fruit de pureté promis à la lecture du Vêda, au saint Sacrifice, aux austérités, à la munificence ; le Yôgî le surpasse par la science et parvient à la halte suprême. —

IX.

YOGA DU SOUVERAIN MYSTÈRE DE LA SCIENCE.

Le Bienheureux.

Je vais maintenant t'exposer, dans son ensemble et dans ses parties, cette science mystérieuse dont la possession te délivrera du mal.

C'est la science souveraine, le souverain mystère, la suprême purification, saisissable par l'intuition immédiate, conforme à la Loi, agréable à accomplir, inépuisable.

Açradd̆ad̆ânâḣ puruṡâ
d̆armasya asya, parantapa,
Aprâpya mâṃ nivartantê
mṛtyusaṅsâravartmani. 3.

Mayâ tatam idaṃ sarvaṃ
jagad avyaktamûrtinâ.
Matst̆âni sarvab̆ûtâni,
na ċa ahaṃ têṡw avast̆itaḣ; 4.

Na ċa matst̆âni b̆ûtâni:
paçya mê yôgam æçwaraṃ.
B'ûtab̆ṛn, na ċa b̆ûtast̆ô,
mama âtmâ b̆ûtab̆âvanaḣ. 5.

Yat̆â kâçast̆itô nityaṃ
vâyuḣ sarvatragô mahân,
Tat̆â sarvâṇi b̆ûtâni
matst̆âni ity upad̆âraya. 6.

Sarvab̆ûtâni, Kœntêya,
prakṛtiṃ yânti mâmakîṃ.
Kalpaẋayê, punas tâni
kalpâdœ visṛjâmy ahaṃ. 7.

Prakṛtiṃ swâm avastab̆ya
visṛjâmi punaḣ punaḣ
B'ûtagrâmam imaṃ kṛtsnam,
avaçam, prakṛtêr vaçât. 8.

Na ċa mâṃ tâni karmâṇi
nibad̆nanti, d̆anañjaya,
Udâsînavad-âsînam,
asaktaṃ têṡu karmasu. 9.

Les hommes qui ne croient pas en sa conformité à la Loi, ne viennent pas à moi et retournent aux vicissitudes de la mort.

C'est moi qui, doué d'une forme invisible, ai développé cet Univers ; en moi sont contenus tous les êtres ; et moi je ne suis pas contenu en eux ;

D'une autre manière, les êtres ne sont pas en moi : tel est le mystère de l'Union souveraine. Mon Ame est le soutien des êtres, et sans être contenue en eux, c'est elle qui est leur être.

Comme dans l'air réside un grand vent soufflant sans cesse de tous côtés, ainsi résident en moi tous les êtres : conçois-le, fils de Kuntî.

A la fin du kalpa, les êtres rentrent dans ma puissance créatrice ; au commencement du kalpa, je les émets de nouveau.

Immuable dans ma puissance créatrice, je produis ainsi par intervalles tout cet ensemble d'êtres sans qu'il le veuille et par la seule vertu de mon émanation.

Et ces œuvres ne m'enchaînent pas : je suis placé comme en dehors d'elles, et je ne suis pas dans leur dépendance.

Mayâ aďyaẋêṇa prakṛtiḥ
sûyatê saċarâċaram;
Hêtunâ anêna, Kæntêya,
jagad viparivartatê. 10.

Avajânanti mâm mûďâ
mânuśîṃ tanum âçritam,
Param b'âvam ajânantô
mama b'ûtamahêçwaram, 11.

Môġâçâ, môġakarmâṇô,
môġajñânâ, viċêtasaḥ,
Râẋasîm Âsurîṃ ċa êva
prakṛtim môhinîṃ çritâḥ. 12.

Mahâtmanas tu mâm, Pârta,
dævîm prakṛtim âçritâḥ,
B'ajanty ananyamanasô,
jñâtwâ b'ûtâdim, avyayam; 13.

Satatam kîrtayantô mâm,
yatantaç ċa, dṛďavratâḥ,
Namasyantaç ċa mâm, b'aktyâ
nityayuktâ upâsatê. 14.

Jñânayajñêna ċa apy anyê
yajantô mâm upâsatê,
Ekatwêna pṛtaktwêna
bahuďâ viçwatômuk'am. 15.

Aham kratur, aham yajñaḥ,
swaďâ aham, aham æśaďam,

Sous ma surveillance, l'émanation enfante les choses mobiles et immobiles ; et sous cette condition, fils de Kuntî, le monde accomplit sa révolution.

Revêtu d'un corps humain, les insensés me dédaignent, ignorant mon essence suprême qui commande à tous les êtres.

Mais leur espérance est vaine, leurs œuvres sont vaines, leur science est vaine ; leur raison s'est égarée ; ils sont sous la puissance turbulente des Râxasas et des Asuras.

Mais les sages magnanimes suivent ma puissance divine et m'adorent, ne pensant qu'à moi seul et sachant que je suis le principe immuable des êtres.

Sans cesse ils me célèbrent par des louanges, toujours luttant et fermes dans leurs vœux ; ils me rendent hommage, ils m'adorent, ils me servent dans une perpétuelle Union.

D'autres m'offrent un sacrifice de science, me voyant dans mon unité et simplicité, la face tournée de toutes parts.

Je suis le Sacrifice, je suis l'adoration, je suis l'offrande aux morts ; je suis l'herbe du salut ; je

Mantrô 'ham, aham êva aǰyam,
aham agnir, ahaṃ hutaṃ. 16.

Pitâ aham asya ǰagatô,
mâtâ, đâtâ, pitâmahaṡ;
Vêdyam, pavitram, ôṃkâra,
R̥k, Sâma, Yaǰur êva ća; 17.

Gatir, ƀartâ, praƀuṡ, sâẋî,
nivâsaṡ, çaraṇaṃ, suhr̥t,
Praƀavaṡ, pralayaṡ, ťânaṃ,
niđânaṃ, vîǰam avyayaṃ. 18.

Tapâmy aham, ahaṃ varšaṃ
nigr̥hṇâmy utsr̥ǰâmi ća;
Amr̥taṃ ća êva mr̥tyuç ća,
sad asać ća aham, Arǰuna. 19.

Trævidyâ mâṃ sômapâṡ, pûtapâpâ,
yaǰñær iṣṭwâ, swargatim prârťayantê.
Tê puṇyam âsâdya surêndralôkam
açnanti divyân đivi dêvaƀôgân. 20.

Tê tam ƀuktwâ swargalôkaṃ viçâlaṃ,
ẋîṇê puṇyê, martyalôkaṃ viçanti.
Êvaṃ trayîđarmam anuprapannâ
gatâgataṃ kâmakâmâ laƀantê. 21.

suis l'hymne sacré; je suis l'onction; je suis le feu; je suis la victime.

Je suis le père de ce monde, sa mère, son époux, son aïeul. Je suis la doctrine, la purification, le mot mystique; le Rig, le Sâma, et le Yajour.

Je suis la voie, le soutien, le seigneur, le témoin, la demeure, le refuge, l'ami. Je suis la naissance et la destruction; la halte; le trésor; la semence immortelle.

C'est moi qui échauffe; qui retiens et qui laisse tomber la pluie. Je suis l'immortalité et la mort, l'être et le non être, Arjuna.

—De moi réclament la voie du paradis les sages vêdiques qui ont bu le sôma, se sont purifiés de leurs fautes et ont accompli le sacrifice. Parvenus à la sainte demeure du dieu Indra, ils se repaissent au paradis de l'aliment divin.

Et quand ils ont goûté de ce vaste monde des cieux, leur mérite étant épuisé, ils retournent au séjour des mortels. Ainsi les hommes qui ont suivi les trois livres de la Loi, n'aspirant qu'au bonheur, restent sujets aux retours.

Ananyâçritayantô mâm
yê janâs paryupâsatê,
Têṡâm nityâbiyuktânâm
yôgaxêmam vahâmy aham; 22.
Yê 'py anyadêvatâ baktâ
yajantê çraddayâ anwitâs,
Tê 'pi mâm êva, Kæntêya,
yajanty avidipûrvakam. 23.
Aham hi sarvayajñânâm
bôktâ ća prabur êva ća;
Na tu mâm abijânanti
tattwêna, ataç ćyavanti tê. 24.
Yânti dêvavratâ Dêvân;
Pitṝn yânti pitṛvratâs;
B'ûtâni yânti butêjyâ;
yânti mad-yâjinô 'pi mâm. 25.
Patram, puṡpam, p'alam, tôyam
yô mê baktyâ prayaććati,
Tad aham baktyupahṛtam
açnâmi prayatâtmanas. 26.
Yat karôṡi, yad açnâsi,
yaj juhôṡi, dadâsi yat,
Yat tapasyasi, Kæntêya,
tat kuruṡwa mad-arpaṇam. 27.
Çubâçubap'alær êvam
môxyasê karmabandanæs;
Sannyâsayôgayuktâtmâ,
vimuktô mâm upæṡyasi. 28.

— Les hommes qui me servent sans penser à nulle autre chose, et me demeurant toujours unis, reçoivent de moi la félicité de l'Union.

Ceux même qui, pleins de foi, adorent d'autres divinités, m'honorent aussi, bien qu'en dehors de la règle antique :

Car c'est moi qui recueille et qui préside tous les Sacrifices ; mais ils ne me connaissent pas dans mon essence, et ils font une chute nouvelle.

Ceux qui sont voués aux dieux vont aux dieux ; aux ancêtres, ceux qui sont voués aux ancêtres ; aux larves, ceux qui sacrifient aux larves ; et à moi, ceux qui me servent.

Quand on m'offre en adoration une feuille, une fleur, un fruit ou de l'eau, je les reçois pour aliments comme une offrande pieuse.

Ainsi donc, ce que tu fais, ce que tu manges, ce que tu sacrifies, ce que tu donnes, ce que tu t'infliges, ô fils de Kuntî, fais-m'en l'offrande.

Tu seras dégagé du lien des œuvres, que leurs fruits soient bons ou mauvais ; et avec une âme toute à la sainte Union, libre, tu viendras à moi.

Samô 'haṃ sarvaƀûtêšu,
na mê dwêšyô 'sti, na priyaḥ;
Yê ƀajanti tu mâm ƀaktyâ,
mayi tê, têšu ća apy ahaṃ. 29.
Api ćêt sudurâćârô
ƀajatê mâm ananyaƀâk,
Sâđur êva sa mantavyaḥ,
samyag vyavasitô hi saḥ. 30.
Xipram ƀavati đarmâtmâ,
çaçwać ćâṇtiṃ nigaććati.
Kæntêya, pratijânîhi,
na mê ƀaktaḥ praṇaçyati; 31.
Mâṃ hi, Pârŧa, vyapâçritya,
yê 'pi syuḥ pâpayônayaḥ,
Striyô, væçyâs, tatâ çûdrâs,
tê pi yânti parâṃ gatiṃ; 32.
Kim punar brâhmaṇâḥ puṇyâ,
ƀaktâ râjaršayas tatâ?
Anityam, asukam lôkam
imam prâpya, ƀajaswa mâṃ; 33.
Manmanâ ƀava, madƀaktô,
madyâjî, mâṃ namaskuru;
Mâm êva êšyasi yuktwâ êvam
âtmânam, matparâyaṇaḥ. 34.

Iti Çrîƀagavadgîtâḥ...., Râjavidyâ-râja-guhyayôgô nâma, navamô 'đyâyaḥ.

Je suis égal pour tous les êtres ; je n'ai pour eux ni haine ni amour ; mais ceux qui m'adorent sont en moi et je suis en eux.

L'homme même le plus coupable, s'il vient à m'adorer et à tourner vers moi seul tout son culte, doit être cru bon ; car il a pris le bon parti :

Bientôt il devient juste et marche vers l'éternel repos. Fils de Kuntî, confesse-le, celui qui m'adore ne périt pas.

Car ceux qui cherchent près de moi leur refuge, eussent-ils été conçus dans le péché, les femmes, les væçyas, les çûdras même, marchent dans la voie supérieure ;

A plus forte raison les saints brâhmanes et les pieux râjarshis. Placé en ce monde périssable et rempli de maux, adore-moi ;

Dirige vers moi ton esprit ; et m'adorant, offre-moi ton sacrifice et ton hommage. Alors, en Union avec moi, ne voyant plus que moi seul, tu parviendras jusqu'à moi.

X.

Çrîbagavân uvâća :

B'ûya êva, mahâvâhô,
çṛṇu mê paramaṃ vaćaḥ,
Yat tê 'ham prîyamâṇâya
vaxyâmi hitakâmyayâ. 1.
Na mê vidus suragaṇâs
praƀavaṃ, na Maharšayas ;
Aham âdir hi Dêvânâm,
Maharšîṇâṃ ća sarvaças. 2.
Yô mâm ajam anâdiṃ ća
vêtti, lôkamahêçwaraṃ,
Asammûḍas sa martyêšu,
sarvapâpæs pramućyatê. 3.
Buddir, jñânaṃ, asammôhas,
xamâ, satyaṃ, damas, çamas,
Suk'aṃ, dusk'am, ƀavô 'ƀâvô,
ƀayaṃ ća, aƀayam êva ća, 4.
Ahiṅsâ, samatâ, tušṭis,
tapô, dânaṃ, yaçô, 'yaças,
B'avanti ƀâvâ ƀûtânâm
matta êva pṛtagvidâs. 5.
Maharšayas sapta, Pûrvê
ćatwârô, Manavas taťâ,

X.

YOGA DE L'EXCELLENCE.

Le Bienheureux.

Ecoute encore, ô héros qui m'aimes, les graves paroles que je vais te dire pour procurer ton salut.

Les troupes des dieux et les grands Rishis ne connaissent pas ma nativité ; car je suis le principe absolu des dieux et des grands Rishis.

Quand on sait que je ne suis pas né, que je suis le premier et le seigneur du monde, on échappe à l'erreur parmi les mortels et l'on est absous de tous les péchés.

La raison, la science, la certitude, la patience, la vérité, la continence, la paix, le plaisir et la douleur, la naissance et la destruction, la crainte et la sécurité,

La douceur, l'égalité d'âme, la joie et les austérités, la munificence, la gloire et l'opprobre, sont des manières d'être des choses, dont je suis le distributeur.

Les sept grands Rishis, les quatre Prajâpatis et les Manus, contenus dans ma substance, sont nés

Madbâvâ mânasâ jâtâ;
têšâm lôka imâs prajâs. 6.
Êtâm vibûtim yôgam ća
mama yô vêtti tattwatas,
Sô 'vikampêna yôgêna
yujyatê : na atra sańçayas. 7.
Aham sarvasya prabavô,
mattas sarvam pravartatê :
Iti matwâ bajantê mâm
budâ bâvasamanwitâs. 8.
Mać ćittâ, madgataprâṇâ,
bôdayantas parasparam,
Katayantaç ća mâm nityam,
tušyanti ća, ramanti ća; 9.
Têšâm satatayuktânâm,
bajatâm prîtipûrvakam,
Dadâmi buddiyôgam tam,
yêna mâm upayânti tê; 10.
Têšâm êva anukampârtam
aham ajñânajam tamas
Nâçayâmy âtmabâvastô
jñânadîpêna bâswatâ. 11.

Arjuna uvâća :

Param Brahma, param dâma,
pavitram paramam bavân.

par un acte de mon esprit ; et d'eux est issu en ce monde le genre humain.

Quand on connaît dans leur essence cette puissance souveraine et cette Union qui résident en moi, alors sans nul doute on s'unit à moi par une union inébranlable.

Je suis l'origine de tout ; de moi procède l'Univers : ainsi pensent, ainsi m'adorent les sages, participants de l'essence suprême.

Pensant à moi, soupirant après moi, s'instruisant les uns les autres, me racontant toujours, ils se réjouissent, ils sont heureux.

Toujours en état d'union, m'offrant un sacrifice d'amour, ils reçoivent de moi cette Union mystique de l'intelligence par laquelle ils arrivent jusqu'à moi.

Dans ma miséricorde et sans sortir de mon unité, je dissipe en eux les ténèbres de l'ignorance, avec le flambeau lumineux de la science.

Arjuna.

Vous êtes le Dieu suprême, la demeure suprême, la purification suprême ; l'Esprit éternel

Purušaṃ çâswatam, divyam,
âdidêvam, ajaṃ, viƀuṃ, 12.
Ahus twâm Ṛsayaḥ sarvê,
Dêvaršir Nâradas taťâ,
Asitô, Dêvalô, Vyâsaḥ;
swayaṃ ća êva bravîši mê. 13
Sarvam êtad ṛtam manyê
yan mâṃ vadasi, Kêçava;
Na hi tê, B'agavan, vyaktiṃ
vidur Dêvâ na Dânavâḥ; 14.
Swayam êva âtmanâtmânaṃ
vêťťa twam, purušôttama,
B'ûtaƀâvana, ƀutêça,
dêvadêva, jagatpatê! 15.
Vaktum arhasy açêšêṇa
divyâ hy âtmaviƀûtayaḥ,
Yâƀir viƀûtiƀir lôkân
imâṅs twaṃ vyâpya tišťasi. 16.
Kaťaṃ vidyâm ahaṃ, yôgiṅs,
twâṃ sadâ parićintayan?
Kêšu kêšu ća ƀâvêšu
ćintyô 'si, B'agavan, mayâ? 17.
Vistarêṇa âtmanô yôgaṃ
viƀûtiṃ ća, janârdana,
B'ûyaḥ kaťaya; tṛptir hi
çṛṇwatô na asti mê 'mṛtaṃ. 18.

et céleste, la Divinité Première, sans naissance ; le Seigneur.

C'est ce que confessent tous les Rishis, le Dêvarshi Nârada, Asita, Dêvala, Vyâsa. C'est aussi ce que tu m'annonces.

Je crois, ô guerrier chevelu, en la vérité de ta parole : car ni les dieux, ni les Dânavas ne savent comment tu te rends visible ;

Toi seul, tu te connais toi-même, ô le meilleur des hommes, être des êtres, prince des vivants, Dieu des dieux, Seigneur des créatures.

Veuille me dire sans réticences les vertus célestes par lesquelles tu maintiens ces mondes en les pénétrant.

Dis-moi, ô Yôgî, comment, uni à toi par la pensée, je pourrai te connaître ; dans quelles parties de ton essence, ô Bienheureux, tu me seras intelligible.

Raconte-moi longuement ton Union mystique et ta vertu suprême, ô vainqueur des hommes. Ta parole est pour mon oreille une ambroisie dont je ne puis me rassasier.

Çrîbagavân uvâća :

Hanta! tê kat'ayiṡyâmi
divyâ hy âtmavib'ûtayaṡ,
Prâd'ânyataṡ, Kuruçrêṡṭa ;
na asty antô vistarasya mê. 19.
Aham âtmâ, Guḍâkêça,
sarvab'ûtâçayast'itaṡ ;
Aham âdiç ća, mad'yaṃ ća,
b'ûtânâm anta êva ća. 20.
Âdityânâm ahaṃ Viṡṇur ;
jyôtiṡâṃ Ravir ańçumân ;
Marîćir Marutâm asmi,
naẋatrâṇâm ahaṃ Çaçî ; 21.
Vêdânâṃ Sâmavêdô 'smi,
Dêvânâm asmi Vâsavaṡ ;
Indriyâṇâm manaç ćâ asmi ;
b'ûtânâm asmi ćêtanâ ; 22.
Rudrâṇâṃ Çaýkaraç ća asmi ;
vittêçô Yaẋaraẋasâṃ ;
Vasûnâm Pâvakaç ća asmi ;
Mêruṡ çik'ariṇâm ahaṃ ; 23
Purôd'asâṃ ća muk'yam mâṃ
vidd'i, Pâr't'a, Vṛhaspatiṃ.
Sênânînâm ahaṃ Skandaṡ ;
sarasâm asmi Sâgaraṡ ; 24.

Le Bienheureux.

Eh bien! je vais te raconter mes vertus célestes: sommairement, fils de Kuru, car il n'y a pas de bornes à mon immensité.

Je suis l'Ame qui réside en tous les êtres vivants; je suis le commencement, le milieu et la fin des êtres vivants.

Parmi les Adityas, je suis Vishnu; parmi les corps lumineux, le Soleil resplendissant; je suis Marîtchi parmi les Maruts, et la Lune parmi les constellations.

Entre les Vêdas, le Sâma; entre les dieux, Vâsava. Entre les sens, je suis l'Esprit; entre les vivants, l'Intelligence.

Entre les Rudras, je suis Çankara; je suis le seigneur des richesses entre les Yaxas et les Râxasas; entre les Vasus, je suis Pâvaka; entre les crêtes des monts, le Mêru.

Je suis le premier des pontifes, sache-le bien, fils de Prithâ; je suis Vrihaspati. Entre les chefs d'armée, je suis Skanda; entre les lacs, l'Océan.

Maharṡiṇâm B'ṛgur aham;
girâm asmy êkam axaram;
Yajñânâm japayajñô 'smi;
sṫâvarâṇâm Himâlayas; 25.
Açwatṫas sarvavṛxâṇam;
dêvarṡiṇâm ća Nâradas;
Gandarvâṇâm Ćitraraṫas,
Siddâṇâm Kapilô munis; 26.
Uććæsçravasam açvâṇâm
viddi mâm amṛtôdbavam;
Ærâvatam gajêndrâṇam;
narâṇam ća narâdipam. 27.
Âyudâṇâm aham vajram;
dênunâm asmi Kâmaduk;
Prajanaç ća asmi Kandarpas;
sarpâṇâm asmi Vâsukis; 28.
Anantaç ća asmi nâgâṇâm;
Varuṇô yâdasâm aham;
Pitṛṇâm Aryamâ ća asmi;
Yamas saṃyamatâm aham; 29.
Prahlâdaç ća asmi Dætyâṇâm;
kâlas kalayatâm aham;
Mṛgâṇâm ća mṛgêndrô 'ham;
Vænatêyaç ća paxiṇâm; 30.
Pavanas pavatâm asmi;
Râmas çastrabṛtâm aham;
Jaṡâṇâm makaraç ća asmi;
srôtasâm asmi Jâhnavî. 31.

Entre les Maharchis, je suis Bhrigu ; entre les mots prononcés, le mot indivisible *ôm* ; entre les sacrifices, la prière à voix basse ; entre les chaînes de montagnes, l'Himâlaya ;

Entre tous les arbres, l'açwattha ; entre les dêvarchis, Nârada ; entre les musiciens célestes, Tchitraratha ; entre les saints, le solitaire Kapila.

Entre les coursiers, je suis Utchtchæçravas, né avec l'ambroisie ; entre les éléphants, Ærâvata ; entre les hommes, le chef du pouvoir.

Entre les armes de guerre, je suis la foudre ; entre les vaches, Kâmaduk. Je suis le générateur Kandarpa ; entre les serpents, je suis Vâsuki ;

Entre les nâgas, Ananta ; Varuna, entre les bêtes aquatiques. Entre les Ancêtres, je suis Aryaman ; Yama, entre les juges ;

Prahlâda entre les Dætyas ; entre les mesures, le temps ; entre les bêtes sauvages, le tigre ; entre les oiseaux, Garuda ;

Entre les objets purifiants, le vent. Je suis Râma entre les guerriers ; entre les poissons, le Makara ; entre les fleuves, le Gange.

Sargâṇâm âdir, antaç ća,
mad̈yaṃ ća êva aham, Arjuna;
Ad̈yâtmavidyâ vidyânâṃ;
vadaḥ pravadatâm ahaṃ; 32.
Ax̊arâṇâm akârô 'smi;
dwandwaḥ sâmâsikasya ća.
Aham êva ax̊ayaḥ kâlô,
d̈âtâ ahaṃ viçwatômuk̈aḥ. 33.
Mr̥tyuḥ sarvaharaç ća aham,
udb̈avaç ća b̈avišyatâṃ;
Kîrtiḥ, çrîr, vâk ća nârîṇâṃ,
smr̥tir, mêd̈â, d̈r̥tiḥ, x̊amâ. 34.
Vr̥hatsâmâ taẗâ sâmnâṃ,
gâyatrî c̈andasâm ahaṃ.
Mâsânâm mârgaçîršô 'ham,
r̥tûnâṃ kusumâkaraḥ. 35.
Dyûtaṃ c̈alayatâm asmi,
têjas têjaswinâm ahaṃ;
Jayô 'smi, vyavasâyô 'smi,
sattwam sattwavatâm ahaṃ. 36.
Vr̥šṇînâṃ Vâsudêvô 'smi,
Pâṇḍavânâṃ d̈anañjayaḥ;
Munînâm apy ahaṃ Vyâsaḥ,
Kavînâm Uçanâḥ kaviḥ. 37.

Dans les choses créées, Arjuna, je suis le commencement, le milieu et la fin ; entre les sciences, celle de l'Ame suprême ; pour ceux qui parlent, je suis la Parole ;

Entre les lettres, je suis l'A ; dans les mots composés, je suis la composition. Je suis le temps sans limites ; je suis le fondateur dont le regard se tourne de tous côtés ;

La mort qui ravit tout et la vie des choses à venir. Entre les mots féminins, je suis la gloire, la fortune, l'éloquence, la mémoire, la sagacité, la constance, la patience.

Je suis le grand hymne entre les chants du Sâma ; et entre les rhythmes, la gâyatrî. Entre les mois, je suis le mârgaçîrsha ; entre les saisons, le printemps fleuri.

Je suis la chance des trompeurs ; l'éclat des illustres ; la victoire ; le conseil ; la véracité des véridiques.

Entre les fils de Vrishni, je suis Vâsudêva ; entre les Pândus, je suis toi-même, Arjuna. Entre les solitaires, je suis Vyâsa ; entre les poëtes, Uçanas.

Daṇḍô damayatâm asmi,
nîtir asmi jigîṡatâṃ;
Mænaṃ ća êva asmi guhyânâm,
jñânaṃ jñânavatâm ahaṃ. 38.
Yać ća api sarvabûtânâṃ
vîjaṃ, tad aham, Arjuna;
Na tad asti vinâ yat syân
mayâ bûtaṃ ćara-aćaraṃ. 39.
Na antô 'sti mama divyânâṃ
vibûtînâm, parantapa;
Êṡa tu uddêçataḥ prôktô
vibûtêr vistarô mayâ; 40.
Yad yad vibûtimat sattwaṃ,
çrîmad ûrjitam êva vâ,
Tat tad êva avagaćća twam
mama têjôṃ 'çasambavaṃ. 41.
Ata vâ bahunâ êtêna
kiṃ jñânêna tava, Arjuna?
Viṡṭabya aham idaṃ kṛtsnam
êkânçêna, stitô jagat. 42.

Iti Çrîbagavadgîtâḥ...., vibûtiyôgô nâma, daçamô 'dyâyaḥ.

Je suis la pénitence des ascètes, la règle d'action de ceux qui désirent la victoire ; le silence des secrets ; la science des sages.

Ce qu'il y a de puissance reproductive dans les êtres vivants, cela même c'est moi : car sans moi nulle chose mobile ou immobile ne peut être.

Mes vertus célestes n'ont pas de fin, ô Arjuna ; et je ne t'ai exposé qu'une faible partie de mes perfections.

Tout objet d'une nature excellente, heureuse ou forte, sache qu'il est issu d'une parcelle de ma puissance.

Mais pourquoi t'appesantir sur cette science infinie, Arjuna ? Quand j'eus fais reposer toutes choses sur une seule portion de moi-même, le monde fut constitué.

XI.

Arjuna uvâća :

Mad anugrahâya paraṃ
guhyam adyâtmasaññitaṃ
Yat twayâ uktam vaćas, têna
môhô'yaṃ vigatô mama. 1.
B'avavyayæ hi bûtânâṃ
çrutæ vistaraçô mayâ,
Twattas, kamalapatrâxa,
mâhâtmyam api ća avyayam. 2.
Êvam êtad yatâ âtta twam
âtmânam, paramêçwara,
Draṣṭum iććâmi tê rûpam
æçwaram, puruṣôttama. 3.
Manyasê yadi taé ćakyam
mayâ draṣṭum iti, prabô,
Yôgêçwara, tatô mê twaṃ
darçaya âtmânam avyayaṃ. 4.

Çrîbagavân uvâća :

Paçya mê, Pârta, rûpâṇi
çataçô 'ta sahasraças
Nânâvidâni, divyâni,
nânâvarṇakṛtîni ća. 5.
Paçya Âdityân, Vasûn, Rudrân,
Açwinæ, Marutas tatâ ;

XI.

VISION DE LA FORME UNIVERSELLE.

Arjuna.

Le mystère sublime de l'Ame suprême, que tu viens de m'exposer pour mon salut, a éloigné de moi l'erreur.

Car j'ai entendu longuement la naissance et la destruction des êtres, ô Dieu aux yeux de lotus, et ta magnanimité impérissable.

Cependant, Seigneur, je voudrais te voir dans ta forme souveraine tel que tu t'es dépeint toi-même;

Si tu penses que cette vision me soit possible, ô Seigneur de la sainte Union, alors montre-toi à ma vue dans ton éternité.

Le Bienheureux.

Voici, fils de Prithâ, mes formes cent et mille fois variées, célestes, diverses de couleur et d'aspect.

Voici les Adityas, les Vasus, les Rudras, les deux Açwins et les Maruts ; voici, fils de Bharata,

Bahûny adṛṣṭapûrvâṇi
paçya âçćaryâṇi, B'ârata. 6.
Iha êkast'aṃ jagat kṛtsnam
paçya âdya saćarâćaraṃ
Mama dêhê, guḍâkêça,
yać ća anyad draṣṭum ićć'asi. 7.
Na tu mâṃ çakyasê draṣṭum
anêna êva swaćaxuṣâ;
Divyaṃ dadâmi tê ćaxus;
paçya mê yôgam æçwaraṃ. 8.

Sañjaya uvâća:

Êvam uktwâ tatô, râjan,
mahâyôgêçwarô Haris
Darçayâmâsa Pârt'âya
paramaṃ rûpam æçwaraṃ, 9.
Anêkavaktranayanam,
anêkâdb'utadarçanaṃ,
Anêkadivyâb'araṇaṃ,
divyânêkôdyatâyud'aṃ, 10.
Divyamâlyâmbarad'araṃ,
divyagand'ânulêpanaṃ,
Sarvâçćaryam ayaṃ, dîptam,
anantaṃ, viçwatômukaṃ. 11.
Divi sûryasahasrasya
b'avêd yugapad ut't'itâ

de nombreuses merveilles que nul encore n'a contemplées.

Voici dans son unité tout l'Univers avec les choses mobiles et immobiles : le voici, compris dans mon corps avec tout ce que tu désires apercevoir.

Mais puisque tu ne peux me voir avec les yeux de ton corps, je te donne un œil céleste : contemple donc en moi la souveraineté de l'Union mystique.

Sañjaya.

Lorsque Hari, seigneur de la sainte Union, eut ainsi parlé, il fit voir au fils de Prithâ sa figure auguste et suprême,

Portant beaucoup d'yeux et de visages, beaucoup d'aspects admirables, beaucoup d'ornements divins, tenant levées beaucoup d'armes divines,

Portant des guirlandes et des vêtements divins, parfumée de célestes essences, merveilleuse en toutes choses, resplendissante, infinie, la face tournée dans toutes les directions.

Si dans le ciel se levait tout à coup la lumière

Yadi bâh, sadṛçî sâ syâd
bâsas tasya mahâtmanah. 12.
Tatra êkastam jagat kṛtsnam,
pravibaktam anêkadâ,
Apaçyad dêvadêvasya
çarîrê Pâṇḍavas tadâ; 13.
Tatah sa vismayâviṣṭô,
hṛṣṭarômâ, dananjayah
Praṇamya çirasâ, dêvam
kṛtâñjalir abâṣata. 14.

Arjuna uvâca:

Paçyâmi dêvâṅs tava, dêva, dêhê
sarvâṅs, tatâ bûtaviçêṣasaṅgân;
Brahmâṇam îçam kamalâsanastam,
Ṛṣîṅç ća sarvân, uragâṅç ća divyân. 15.
Anêkabâhûdaravaktranêtram
paçyâmi twâm sarvatô 'nantarûpam;
Na antam, na madyam, na punas tava âdim
paçyâmi, viçwêçwara, viçwarûpa. 16.
Kirîṭinam, gadinam, ćakriṇam ća,
têjôrâçim, sarvatô dîptimantam,
Paçyâmi twâm durnirîxyam, samantâd
dîptânalârkadyutim, apramêyam. 17.

de mille soleils, elle serait comparable à la splendeur de ce Dieu magnanime.

Là donc, dans le corps du Dieu des dieux, le fils de Pându vit l'Univers entier et unique dans sa multiplicité.

Alors, plein de stupeur, les cheveux hérissés, le héros baissa la tête, et joignant les mains en haut parla ainsi à la Divinité :

Arjuna.

O Dieu, je vois en ton corps tous les dieux et les troupes des êtres vivants ; et le Seigneur Brahmâ assis sur le lotus ; et tous les Rishis et les célestes serpents.

Je te vois avec des bras, des poitrines, des visages et des yeux sans nombre, avec une forme absolument infinie. Sans fin, sans milieu, sans commencement, ainsi je te vois, Seigneur universel, forme universelle.

Tu portes la tiare, la massue et le disque, montagne de lumière de tous côtés resplendissante ; je puis à peine te regarder tout entier : car tu brilles comme le feu et comme le soleil dans ton immensité.

Twam axaram, paramaṃ vêditavyam ;
twam asya viçwasya paraṃ niđânaṃ ;
Twam avyayaḥ çâçwatađarmagôptâ,
sanâtanas twam puruṡô matô mê. 18.

Anâdimađyântam, anantavîryam
anantavâhuṃ, çaçisûryanêtram,
Paçyâmi twâṃ dîptahutâçavaktraṃ,
swatêjasâ viçwam idaṃ tapantaṃ. 19.

Dyâvâpṛtivyôr idam antaraṃ hi
vyâptaṃ twayâ êkêna diçaç ća sarvâḥ.
Dṛṡṭwâ adbutaṃ rûpam ugraṃ tava idaṃ,
lôkatrayam pravyatitam, mahâtman. 20.

Amî hi twâm surasaṅgâ viçanti,
kêćid bîtâḥ prâñjalayô gṛṇanti.
« Sw asti, » ity uktwâ Maharṡisiddasaṅgâḥ
stuvanti twâm stutibiḥ puṡkalâbiḥ. 21.

Rudrâdityâ, Vasavô, yê ća Sâdyâ,
Viçwê, 'çwinæ, Marutaç ća, Uṡmapâç ća,
Gandarva–yaxa–asura–siddasaṅgâ
vîxantê twâm, vismitâç ća êva sarvê. 22.

Tu es l'Indivisible, le suprême Intelligible. Tu es le trésor souverain de cet Univers ; tu es impérissable ; c'est toi qui maintiens la Loi immuable ; je vois que tu es le principe masculin éternel.

Sans commencement, sans milieu, sans fin ; doué d'une puissance infinie ; tes bras n'ont pas de limite, tes regards sont comme la Lune et le Soleil ; ta bouche a la splendeur du feu sacré.

Par ta chaleur tu échauffes cet Univers. Car tu remplis à toi seul tout l'espace entre le ciel et la terre et tu touches à toutes les régions ; à la vue de ta forme surnaturelle et terrible, les trois mondes, ô Dieu magnanime, sont ébranlés :

Voici les troupes des êtres divins qui vont vers toi ; quelques-uns joignent de crainte leurs mains en haut et prient à voix basse. « *Sw asti* » répètent les assemblées des Maharshis et des Saints, et ils te célèbrent dans de sublimes cantiques.

Les Rudras, les Adityas, les Vasus et les Sâdyas, les Viçwas, les deux Açwins, les Maruts et les Ushmapas, les troupes des Gandharvas, des Yaxas, des Asuras et des Siddhas, te contemplent et demeurent tout confondus.

Rûpam mahat tê bahuvaktranêtram,
mahâvâhô, bahuvâhûrupâdam,
Bahûdaram, bahudaṅṣṭrâkarâlaṃ
dṛṣṭwâ lôkâḥ pravyaṫitâs; taṫâ ahaṃ. 23.
Naḃasspṛçaṃ, dîptam, anêkavarṇaṃ
vyâttânanaṃ, dîptaviçâlanêtraṃ,
Dṛṣṭwâ hi twâm pravyaṫitâ antarâtmâ;
ḋṛtiṃ na vindâmi çamaṃ ća, Viṣṇô. 24.
Daṅṣṭrâkarâlâni ća tê mukḣâni
dṛṣṭwâ êva kâlânalasanniḃâni,
Diçô na jânê, na laḃê ća çarma;
prasîda, Dêvêça, jagannivâsa. 25.
Amî ća twâm Dṛtarâṣṭrasya putrâḥ
sarvê saha êva avanipâlasaṅgæḥ
Ḃîṣmô, Drôṇaḥ, Sûtaputras taṫâ asæ,
saha asmadîyær api yôḋamukḣyæḥ, 26.
Vaktrâṇi tê twaramâṇâ viçanti,
daṅṣṭrâkarâlâni, ḃayânakâni;
Kêćid vilagnâ daçanântarêṣu
sandṛçyantê ćûrṇitær uttamâṅgæḥ. 27.
Yaṫâ nâdînâm bahavô 'mbuvêgâḥ
samudram êva aḃimukḣâ dravanti,
Taṫâ tava amî naralôkavîrâ
viçanti vaktrâṇy aḃivijwalanti. 28.

Ta grande forme, où sont tant de bouches et d'yeux, de bras, de jambes et de pieds, tant de poitrines et de dents redoutables : les mondes en la voyant sont épouvantés ; moi aussi.

Car en te voyant toucher la nue, et resplendir de mille couleurs ; en voyant ta bouche ouverte et tes grands yeux étincelants, mon âme est ébranlée, je ne puis retrouver mon assiette ni mon calme, ô Vishnu.

Quand j'aperçois ta face armée de dents menaçantes et pareille au feu qui doit embraser le monde, je ne vois plus rien autour de moi et ma joie est partie. Sois-moi propice, maître des dieux, demeure du monde.

Tous ces fils de Dhritarâshtra avec les troupes des maîtres de la terre, Bhishma, Drôna, et ce fils du Cocher avec les chefs de nos soldats,

Courent se précipiter dans ta bouche formidable. Quelques-uns, la tête brisée, demeurent suspendus entre tes dents.

Comme des torrents sans nombre qui courent droit à l'Océan, ces héros sont emportés vers ton visage flamboyant.

Yaṭā pradîptam jwalanam pataŋgá
viçanti nâçâya samṛddavêgâṣ,
Taṭâ êva nâçâya viçanti lôkâs
tava api vaktrâṇi samṛddavêgâṣ. 29.

Lêlihyasê grasamânaṣ samantâl
lôkân samagrân vadanær jwaladbiṣ;
Têjôbir âpûrya jagat samagram
bâsas tava ugrâṣ pratapanti, Viṣṇô. 30.

Akyâhi mê kô bavân ugrarûpô.
Namô 'stu tê, Dêvavara; prasîda;
Vijñâtum iććâmi bavantam âdyam;
na hi prajânâmi tava pravṛttim. 31.

Çrîbagavân uvâća :

Kâlô 'smi lôkakṣayakṛt, pravṛddô,
lôkân samâhartum iha pravṛittaṣ;
Ṛtê 'pi twâm na baviṣyanti sarvê
yê 'vastitâṣ pratyanîkêṣu yôdâṣ. 32.

Tasmât twam uttiṣṭa, yaçô labaswa;
jitwâ çatrûn buŋkṣwa râjyam samṛddam;
Mayâ êva êtê nihatâṣ pûrvam êva;
nimittamâtram bava, savyasâćin. 33.

Drôṇam ća, Bîsmam ća, Jayadratam ća
Karṇam tatâ, anyân api yôdavîrân
Mayâ hatâṅs twam jahi; mâ vyaṭiṣṭâ;
yudyaswa; jêtâsi raṇê sapatnân. 34.

Comme vers une flamme allumée l'insecte vole à la mort avec une vitesse croissante : ainsi les vivants courent vite se perdre dans ta bouche.

De toutes parts ta langue se repaît de générations entières et ton gosier embrasé les engloutit. Tu remplis tout le monde de ta lumière, ô Vishnu, et tu l'échauffes de tes rayons.

Raconte-moi qui tu es, Dieu redoutable. Louange à toi, Dieu suprême. Sois propice. Je désire te connaître, essence primitive ; car je ne prévois pas la marche de ton action.

Le Bienheureux.

Je suis le Temps destructeur du monde ; vieux, je suis venu ici pour détruire des générations. Excepté toi, il ne restera pas un seul des soldats que renferment ces deux armées.

Ainsi donc, lève-toi, cherche la gloire ; triomphe des ennemis et acquiers un vaste empire. J'ai déjà assuré leur perte : sois-en seulement l'instrument ;

J'ai ôté la vie à Drôna, Bhishma, Jayadratha, Karna, et à d'autres guerriers : tue-les donc ; ne te trouble pas ; combats et tu vaincras tes rivaux.

Sañjaya uvâća :

Êtać črutwâ vaćanaṃ Kêçavasya
kṛtâñjalir, vêpamânas kirîṭî,
Namaskṛtwâ bûya êva âha Kṛšṇaṃ
sagadgadam, bîtabîtas, praṇamya : 35.

Arjuna uvâća :

Sṭânê, Hṛšîkêça, tava prakîrtyâ
jagat prahṛšyaty anurajyatê ća.
Raxâṅsi bîtâni diçô dravanti
sarvê ; namasyanti ća Siddasaṅgâs. 36.
Kasmâć ća têna namêran, mahâtman,
garîyasê Brahmaṇô 'py âdikartrê ?
Ananta, Dêvêça, jagannivâsa,
twam axaraṃ sad–asat tat paraṃ yat. 37.
Twam âdidêvas, purušas purâṇas,
twam asya viçwasya paraṃ nidânaṃ ;
Vêttâ asi, vêdyaṃ ća, paraṃ ća dâma ;
twayâ tataṃ viçwam, anantarûpa. 38.
Vâyur, Yamô, 'gnir, Varuṇas, Çaçâṅkas,
Prajâpatis twam, prapitâmahaç ća.

Sañjaya.

Quand il eut entendu ces paroles du Dieu chevelu, le guerrier qui porte la tiare joignit les mains, et en tremblant, adora; puis, rempli de terreur il s'incline et dit en balbutiant à Krishna :

Arjuna.

Oui ! à ton nom, ô Dieu chevelu, le monde se réjouit et suit ta Loi, les Raxas effrayés fuient de toute part, les troupes des Siddhas sont en adoration.

Et pourquoi donc, ô magnanime, ne t'adorerait-on pas, toi plus vénérable que Brahma, toi le premier Créateur, l'Infini, le Seigneur des dieux, la demeure du monde, la source indivisible de l'être et du non être ?

Tu es la divinité première, l'antique principe masculin, le trésor souverain de cet Univers. Tu es le Savant et l'Objet de la science, et la demeure suprême. Par toi s'est déployé cet Univers, ô toi dont la forme est infinie.

Tu es Vâyus, Yama, Agni, Varuna, et la Lune, et le Prajâpati et le grand Aïeul. Gloire, gloire à

Namô, namas tê 'stu sahasrakṛtwaḥ,
punaç ća b́ûyô 'pi namô namas tê! 39.

Namaḥ purastâd, aťa pṛšṭatas tê,
namô 'stu tê sarvata êva, sarva!
Anantavîrya-amitavikramas twaṃ
sarvaṃ samâpnôši; tatô 'si sarvaḥ. 40.

« Saḱa » iti matwâ, prasab́aṃ yad uktaṃ,
« hê, Kṛšṇa; hê, Yâdava; hê saḱa » iti
Aǵânatâ mahimânaṃ tava imaṃ
mayâ pramâdât praṇayêna vâ api, 41.

Yać ća avahâsârťam asatkṛtô 'si
vihâra-çayya-âsana-b́ôǵanêšu,
Êkô 'ťa vâ apy aćyuta tat samaxaṃ;
tat xâmayê twâm aham apramêyaṃ. 42.

Pitâ asi lôkasya ćara-aćarasya,
twaṃ asya pûǵyaç ća gurôr garîyân;
Na twat samô 'sty; ab́yaďikaḥ kutô 'nyô
lôkatrayê 'py, apratimaprab́âva? 43.

Tasmât praṇamya, praṇiďâya kâyam
prasâdayê twâm aham îçam îḍyaṃ;
Pitâ iva putrasya, saḱâ iva saḱyuḥ,
priyaḥ priyâya, arhasi, dêva, sôḍhuṃ. 44.

toi mille fois ! et de rechef encore gloire, gloire à toi !

Gloire en ta présence et derrière toi, en tous lieux, ô Universel ! Doué d'une force infinie, d'une puissance infinie, tu embrasses l'Univers, et ainsi tu es universel.

Si, te croyant mon ami, je t'ai appelé vivement en ces termes : « Viens, Krishna ; ici, fils de Yadu; allons, mon ami ; » si j'ai méconnu ta majesté, soit par ma témérité, soit par mon zèle ;

Si je t'ai offensé au jeu, ou à la promenade, ou couché, ou assis, ou à table, soit seul, soit devant ces guerriers : Dieu auguste et infini, pardonne-le moi.

Tu es le père des choses mobiles et immobiles ; tu es plus vénérable qu'un maître spirituel. Nul n'est égal à toi ; qui donc, dans les trois mondes, pourrait te surpasser, ô toi dont la majesté n'a point de bornes ?

C'est pourquoi, m'inclinant et me prosternant, j'implore ta grâce, Seigneur digne de louanges : sois-moi propice, comme un père l'est à son fils, un ami à son ami, un bien-aimé à sa bien-aimée.

Adṛṣṭapûrvaṃ hṛṣitô 'smi dṛṣṭwâ,
ɓayêna ća pravyat́itam manô mê;
Tad êva mê darçaya, dêva, rûpam;
prasîda, dêvêça, jagannivâsa. 45.

Kirîṭinaṃ, gadinaṃ, ćakrahastam
iććâmi twâm draṣṭum ahaṃ tat́â êva:
Têna êva rûpêṇa ćaturɓujêna,
sahasravâhô, ɓava, viçwamûrtê. 46.

Çrîbagavân uvâća :

Mayâ prasannêna tava, Arjuna, idaṃ
rûpam paraṃ darçitam âtmayôgât,
Têjômayaṃ, viçwam, anantaṃ, âdyaṃ,
yan mê twad anyêna na dṛṣṭapûrvaṃ. 47.

Na Vêda-yajña-adyayanær, na dânær,
na ća kriyâɓir, na tapôɓir ugræḥ,
Êvaṃrûpaḥ çakya ahaṃ nṛlôkê
draṣṭum twad anyêna, Kurupravîra. 48.

Mâ tê vyat́â, mâ ća vimûḍaɓâvô
dṛṣṭwâ rûpaṃ gôram îdṛṅ mama idaṃ;
Vyapêtaɓîḥ, prîtamanâḥ punas twaṃ
tad êva mê rûpam idam prapaçya. 49.

Depuis que j'ai vu la merveille que nul n'avait pu voir, la joie remplit mon cœur, mais la crainte l'agite. Montre-moi ta première forme, ô Dieu ! Sois-moi propice, Seigneur des dieux, demeure du monde :

Je voudrais te revoir avec la tiare, la massue et le disque ; reprends ta figure à quatre bras, ô toi qui a des bras et des formes sans nombre.

Le Bienheureux.

C'est par ma grâce, Arjuna, et par la force de mon Union mystique que tu as vu ma forme suprême, resplendissante, universelle, infinie, primordiale, que nul autre avant toi n'avait vue.

Ni le Vêda, ni le Sacrifice, ni la Lecture, ni les libéralités, ni les cérémonies, ni les rudes pénitences, ne sauraient me rendre visible à quelque autre sur terre qu'à toi seul, fils de Kuru.

N'aie ni peur, ni trouble, pour avoir vu ma forme épouvantable : libre de crainte, la joie dans le cœur, tu vas revoir ma première figure.

XI

Sañjaya uvâća :

Ity Arjunaṃ Vâsudêvas tat'â uktwâ,
swakaṃ rûpaṃ darçayâmâsa b'ûyas,
Âçwâsayâmâsa ća b'îtam ênam
b'ûtwâ punas sæmyavapur mahâtmâ. 50.

Arjuna uvâća :

Dṛṣṭwâ idam mânuṣaṃ rûpaṃ
tava sæmyaṃ, janârdana,
Idânîm asmi saṃvṛttas
saćêtâs prakṛtiṃ gatas. 51.

Çrîbagavân uvâća :

Sudurdarçam idaṃ rûpaṃ
dṛṣṭavân asi yan mama,
Dêvâ apy asya rûpasya
nityaṃ darçanakâṅxiṇas. 52.
Na ahaṃ Vêdær, na tapasâ,
na dânêna, na ća ijyayâ,
Çakya êvaṃvid'ô draṣṭuṃ,
dṛṣṭavân asi mâm yat'â. 53.
B'aktyâ tw ananyayâ çakya
ahaṃ êvaṃvid'ô, 'rjuna,
Jñâtuṃ draṣṭuṃ ća tattwêna,
pravêṣṭuṃ ća, parantapa. 54.

Sañjaya.

A ces mots, le magnanime Vâsudêva fit voir à Arjuna son autre forme et calma sa terreur en se montrant de nouveau avec un visage serein.

Arjuna.

Maintenant que je vois ta forme humaine et placide, ô guerrier, je redeviens maître de ma pensée et je rentre dans l'ordre naturel.

Le Bienheureux.

Cette forme si difficile à apercevoir et que tu viens de contempler, les dieux mêmes désirent sans cesse la voir.

Mais ni les Vêdas, ni les austérités, ni les largesses, ni le Sacrifice, ne peuvent me faire apparaître tel que tu m'as vu.

C'est par une adoration exclusive, Arjuna, que l'on peut me connaître sous cette forme, et me voir dans ma réalité, et pénétrer en moi.

Matkarmakṛn, matparamô,
madбaktaḥ saṅgavarjitaḥ,
Nirværaḥ sarvaбûtêšu
yaḥ, sa mâm êti, Pâṇḍava. 55.

Iti Çrîбagavadgîtâḥ...., Viçwarûpadarçanaṃ nâma, êkadaçô 'дyâyaḥ.

XII.

Arjuna uvâća :

Êvaṃ satatayuktâ yê-
бaktâs twâm paryupâsatê,
Yê ća apy aꭓaram avyaktaṃ,
têšâṃ kê yôgavittamâḥ? 1.

Çrîбagavân uvâća :

Mayy âvêçya manô yê mâṃ
nityayuktâ upâsatê
Çradдayâ parayâ upêtâs,
tê mê yuktatamâ matâḥ. 2.
Yê tw aꭓaram anirdêçyam
avyaktam paryupâsatê
Sarvatragam, aćintyaṃ ća,
kûtastam, aćalaṃ, дruvaṃ, 3.
Sanniyamya indriyagrâmaṃ,
sarvatra samabuddayaḥ,

Celui qui fait tout en vue de moi, qui m'adore par dessus toutes choses, et qui n'a point de concupiscence, ni de haine pour aucun être vivant, celui-là vient à moi, fils de Pându.

XII.

YOGA DE L'ADORATION.

Arjuna.

Des fidèles qui toujours en état d'Union te servent sans cesse, et de ceux qui s'attachent à l'Indivisible qui ne se peut voir, lesquels connaissent le mieux l'Union mystique?

Le Bienheureux.

Ceux qui, reposant en moi leur esprit, me servent sans cesse pleins d'une foi excellente, sont ceux qui à mes yeux pratiquent le mieux la sainte Union.

Mais ceux qui cherchent l'Indivisible que l'on ne peut voir ni sentir, présent partout, incompréhensible, sublime, immuable, invariable,

Et qui, soumettant tous leurs sens, tiennent

Tê prâpnuvanti mâṃ êva
sarvab̔ûtahitê ratâṡ, 4.
Klêçô 'd̔ikataras têṡâm
avyaktâsaktaćêtasâṃ ;
Avyaktâ hi gatir duṡk̔aṃ
dêhavadb̔ir avâpyatê. 5.

Yê tu sarvâṇi karmâṇi
mayi sannyasya, matparâṡ
Ananyêna êva yôgêna
mâṃ d̔yâyanta upâsatê, 6.
Têṡâm ahaṃ samudd̔artâ
mṛtyusaṅsârasâgarât
B̔avâmi naćirât, Pârt̔a,
mayy âvêçitaćêtasâṃ. 7.

Mayy êva mana âd̔atswa,
mayi budd̔iṃ nivêçaya ;
Nivasiṡyasi mayy êva
ata ûrd̔wam ; na saṅçaya. 8.
At̔a ćittaṃ samâd̔âtuṃ
na çaknôṡi mayi st̔iraṃ ;
Ab̔yâsayôgêna tatô
mâṃ ićća âptuṃ, d̔anañjaya. 9.
Ab̔yâsê 'py asamart̔ô 'si ;
matkarmaparamô b̔ava :
Madart̔am api karmâṇi
kurvan, sidd̔im avâpsyasi. 10.

leur pensée en équilibre et se réjouissent du bien de tous les vivants : ceux-là aussi m'atteignent.

Mais quand leur esprit poursuit l'invisible, leur peine est plus grande ; car difficilement les choses corporelles permettent de saisir la marche de l'invisible.

Ceux au contraire qui ont accompli en moi le renoncement des œuvres, ceux dont je suis l'unique objet et qui par une Union exclusive me contemplent et me servent :

Je les soustrais bientôt à cette mer des alternatives de la mort, parce que leur pensée est avec moi.

Livre-moi donc ton esprit, repose en moi ta raison, et bientôt après, sans aucun doute, tu habiteras en moi.

Si tu n'es point en état de reposer fermement en moi ta pensée, efforce-toi, homme généreux, de m'atteindre par une Union de persévérance.

Que si tu n'es pas capable de persévérance, agis toujours à mon intention : en ne faisant rien qui ne me soit agréable, tu arriveras à la perfection.

A'ta êtad âpy açaktô 'si
kartum ; madyôgam âçritas
Sarvakarmap'alatyâgam
tatas kuru yatâtmavân. 11.

Çrêyô hi jñânam abyâsâj,
jñânâd dyânam viçiṡyatê,
Ḋyânât karmap'alatyâgas ;
tyâgâć çântir anantaram. 12.

Adwêṡṭâ sarvabûtânâm,
mætras, karuṇa êva ća,
Nirmamô, nirahaykâras,
samaduskasukas, xamî, 13.

Santuṡṭas, satatam yôgî,
yatâtmâ, dṛḍaniççayas,
Mayy arpitamanôbuddir,
yô mad-baktas, sa mê priyas. 14.

Yasmân na udvijatê lôkô,
lôkân na udvijatê ća yas,
Harṡâmarṡabayôdvêgær
muktô yas, sa ća mê priyas. 15.

Anapêxas, çućir, daxa,
udâsînô, gatavyat'as,
Sarvârambaparityâgî,
yô mad-baktas, sa mê priyas. 16.

Mais cela même est au-dessus de tes forces : tourne-toi vers la sainte Union ; fais un acte de renoncement au fruit des œuvres, et soumets-toi toi-même.

Car la science vaut mieux que la persévérance ; la contemplation vaut mieux que la science ; le renoncement vaut mieux que la contemplation ; et tout près du renoncement est la béatitude.

L'homme sans haine pour aucun des vivants, bon et miséricordieux, sans égoïsme, sans amour propre, égal au plaisir et à la peine, patient,

Joyeux, toujours en état d'Union, maître de soi-même, ferme dans le bon propos, l'esprit et la raison attachés sur moi, mon serviteur : cet homme m'est cher.

Celui qui ne trouble pas le monde et que le monde ne trouble pas, qui est exempt des transports de la joie et de la colère, de la crainte et des terreurs : celui-là aussi m'est cher.

L'homme sans arrière-pensée, pur, adroit, indifférent, exempt de trouble, détaché de tout ce qu'il entreprend, mon serviteur : est un homme qui m'est cher.

Yô na hṛśyati, na dwêśṭi,
na çôćati, na kâŋxati,
Çuƀâçuƀaparityâgî,
ƀaktimân yaḥ, sa mê priyaḥ. 17.

Samaḥ çatrœ ća mitrê ća,
taťâ mânâpamânayôḥ,
Çitôśṇasuƙaduḥƙêśu
samaḥ, saŋgavivarjitaḥ, 18.

Tulyanindâstutir, mœnî,
santuśṭô yêna kênaćit,
Anikêtaḥ, sťiramatir,
ƀaktimân, mê priyô naraḥ. 19.

Yê tu đarmyâmṛtam idaṃ
yaťâ uktam paryupâsatê,
Çraddađânâ, mat-paramâ,
ƀaktâs tê 'tîva mê priyâḥ. 20.

Iti Çrîƀagavadgîtâḥ...., ƀaktiyôgô nâma, dwadaçô 'đyâyaḥ.

XIII.

Çrîƀagavân uvâća :

Idaṃ çarîraṃ, Kœntêya,
xêtram ity aƀiđîyatê.
Êtad yô vêtti, tam prâhuḥ
xêtrajñam iti tad vidaḥ. 1.

Celui qui ne s'abandonne ni à la joie, ni à la haine, ni à la tristesse, ni aux regrets, et qui pour me servir n'a plus souci du bon ou du mauvais succès : celui-là m'est cher.

L'homme égal envers ses ennemis et ses amis, égal aux honneurs et à l'opprobre, égal au froid, au chaud, au plaisir, à la douleur, exempt de désir.

Égal au blâme et à la louange, silencieux, toujours satisfait, sans domicile, ferme en sa pensée, mon serviteur : est un homme qui m'est cher.

Mais ceux qui s'asseoient, comme je l'ai dit, au saint banquet d'immortalité, pleins de foi et m'ayant pour unique objet : voilà mes plus chers serviteurs.

XIII.

YOGA DE LA DISTINCTION DE LA MATIÈRE ET DE L'IDÉE.

Le Bienheureux.

Fils de Kuntî, ce corps est appelé Matière, et le sujet qui connaît est appelé par les savants Idée de la matière.

Ẋêtrajñaṃ ća api mâṃ viddi
sarvaẋêtrêṣu, B'ârata.
Ẋêtraẋêtrajñayôr jñânaṃ
yat, taj jñânam matam mama. 2.

Tat ẋêtraṃ yać ća, yâdṛk ća,
yad vikâri, yataç ća yat,
Sa ća yô, yat prab'âvaç ća,
tat samâsêna mê çṛṇu. 3.

Ṛṣib'ir bahudâ gîtaṃ
ćandôb'ir vividæḥ pṛtak
Brahmasûtrapadæç ća êva,
hêtumadb'ir, viniçćitæḥ. 4.

Mahâb'ûtâny, ahaṅkârô,
buddir, avyaktam êva ća,
Indriyâṇi daça êkaṃ ća
pañća ća indriyagôćarâḥ, 5.

Iććâ, dwêṣaḥ, suk'aṃ, duḥk'aṃ,
saṅgâtaç, ćêtanâ, dṛtiḥ;
Êtat ẋêtraṃ samâsêna
savikâram udâhṛtaṃ. 6.

Amânitwam, adamb'itwam,
ahiṅsâ, ẋântir, ârjavaṃ,
Âćâryôpâsanaṃ, çæćaṃ,
st'æryam, âtmavinigrahaḥ, 7.

Indriyârt'êṣu værâgyam,
anahaṅkâra êva ća,

Sache donc, fils de Bhârata, que dans tous les êtres matériels je suis l'Idée de la matière. La science qui embrasse la Matière et son Idée est à mes yeux la vraie science.

Apprends donc en résumé la nature de la Matière, ses qualités, ses modifications, son origine, ainsi que la nature de l'Esprit et ses facultés.

Ces sujets ont été bien des fois et séparément chantés par les Sages dans des rhythmes variés, et dans les vers des Sûtras brâhmaniques qui traitent et raisonnent des causes.

Les grands principes des êtres, le moi, la raison, l'abstrait, les onze organes des sens et les cinq ordres de perceptions ;

Puis le désir, la haine, le plaisir, la douleur, l'imagination, l'entendement, la suite des idées : voilà en résumé ce que l'on nomme la matière, avec ses modifications.

La modestie, la sincérité, la mansuétude, la patience, la droiture, le respect du précepteur, la pureté, la constance, l'empire sur soi-même,

L'indifférence pour les choses sensibles, l'absence d'égoïsme, le compte fait de la naissance,

Janma-mṛtyu-jarâ-vyâdi-
duḥka–dôṣânudarçanaṃ, 8.
Asaktir, anabiṣwaṅgaḥ
putradâragṛhâdiṣu,
Nityaṃ ća samaćittatwam
iṣṭâniṣṭôpapattiṣu, 9.
Mayi ća ananyayôgêna
baktir avyabićâriṇî,
Viviktadêçasêvitwam,
aratir janasaṅsadi, 10.
Adyâtmajñânanityatwaṃ,
tattwajñânârtadarçanaṃ :
Êtaj jñânam iti prôktaṁ ;
ajñânaṃ yad atô 'nyatâ. 11.
Jñêyaṃ yat, tat pravaxyâmi ;
yaj jñâtwâ amṛtam açnutê.
Anâdimat, param Brahma,
na sat tan, na asad ućyatê ; 12.
Sarvataḥ pâṇipâdaṃ tat,
sarvatô 'xiçirômukaṃ,
Sarvataḥ çrutimal, lôkê
sarvam âvṛtya tiṣṭati ; 13.
Sarvêndriyaguṇâbâsaṃ,
sarvêndriyavivarjitaṃ ;

de la mort, de la vieillesse, de la maladie, de la douleur, du péché ;

Le désintéressement, le détachement à l'égard des enfants, de la femme, de la maison et des autres objets ; la perpétuelle égalité de l'âme dans les événements désirés ou redoutés ;

Un culte constant et fidèle dans une union exclusive avec moi ; la retraite en un lieu écarté ; l'éloignement des joies du monde ;

La perpétuelle contemplation de l'Âme suprême ; la vue de ce que produit la connaissance de la vérité : voilà ce qu'on nomme la science ; le contraire est l'ignorance.

Je vais donc te dire ce qu'il faut savoir, ce qui est pour l'homme l'aliment d'immortalité. Dieu, sans commencement et suprême, ne peut être appelé un être ni un non-être ;

Doué en tous lieux de mains et de pieds, d'yeux et d'oreilles, de têtes et de visages, il réside dans le monde, qu'il embrasse tout entier.

Il illumine toutes les facultés sensitives, sans avoir lui-même aucun sens ; détaché de tout, il

Asaktaṃ, sarvaƀṛć ća êva,
nirguṇaṃ, guṇaƀôktṛ ća ; 14.
Vahir antaç ća ƀûtânâm,
aćaraṃ ćaram êva ća ;
Sûẋmatwât tad avijñêyaṃ,
dûrasŧaṃ ća antikê ća tat ; 15.
Aviƀaktam ća ƀûtêšu,
viƀaktam êva ća sŧitam ;
B'ûtaƀartṛ ća taj jñêyaṃ,
grasišṇu praƀavišṇu ća. 16.
J́yôtišâm api taj j́yôtis
tamasaḥ param ućyatê,
J́ñânaṃ, jñêyaṃ, jñânagamyaṃ,
hṛdi sarvasya đišṭitaṃ. 17.
Iti ẋêtraṃ, taŧâ jñânaṃ,
jñêyaṃ ća uktaṃ samâsataḥ.
Mad-ƀakta êtad vijñâya
mad-ƀâvâya upapadyatê. 18.
Prakṛtim purušaṃ ća êva
viđđy anâđî uƀâw api ;
Vikârâṅç ća guṇâṅç ća êva
viđđi prakṛtisamƀavân. 19.
Kâyakâraṇakartṛtwê
hêtuḥ prakṛtir ućyatê ;
Purušaḥ sukꝁaduḥꝁânâm
ƀôktṛtwê hêtur ućyatê. 20.
Purušaḥ prakṛtisŧô hi
ƀuṅktê prakṛtijân guṇân ;

est le soutien de tout ; sans modes, il perçoit tous les modes ;

Intérieur et extérieur aux êtres vivants ; également immobile et en mouvement, indiscernable par sa subtilité et de loin et de près ;

Sans être partagé entre les êtres, il est répandu en eux tous ; soutien des êtres, il les absorbe et les émet tour à tour.

Lumière des corps lumineux, il est par delà les ténèbres. Science, objet de la science, but de la science, il est au fond de tous les cœurs.

Tels sont en abrégé la Matière, la Science, et l'Objet de la science. Mon serviteur, qui sait discerner ces choses, parvient jusqu'à mon essence.

Sache que la Nature et le principe Masculin sont exempts tous deux de commencement, et que les changements et les modes tirent leur origine de la nature.

La cause active contenue dans l'acte corporel, c'est la nature : le principe masculin est la cause qui perçoit le plaisir et la douleur.

En effet, en résidant dans la nature, ce principe perçoit les modes naturels ; et c'est par sa ten-

Kâraṇaṃ guṇasaγgô 'sya
sad-asad-yônijanmasu. 21.

Upadraṡṭâ, anumantâ ća,
ƀartâ, ƀôktâ, mahêçwaraẖ,
Paramâtmâ iti ća apy uktô
dêhê 'smin puruṡaẖ paraẖ. 22.

Ya êvaṃ vêtti puruṡam
prakṛtiṃ ća guṇæẖ saha,
Sarvat̓â vartamânô 'pi,
na sa ƀûyô 'ƀijâyatê. 23.

Dyânêna âtmani paçyanti
kêćid âtmânam âtmanâ;
Anyê sâγk̓yêna yôgêna,
karmayôgêna ća aparê; 24.

Anyê tw êvam ajânantaẖ,
çrutwâ anyêƀya, upâsatê;
Tê 'pi ća atitaranty êva
mṛtyuṃ çrutiparâyaṇâẖ. 25.

Yâvat sañjâyatê kiñćit
sattwaṃ st̓âvarajaγgamaṃ,
Ẋêtraẋêtrajñasaṃyôgât
tad vid̓di, B'aratarṡaƀa. 26.

Samaṃ sarvêṡu ƀûtêṡu
tiṡṭantam paramêçwaraṃ,
Vinaçyatsw avinaçyantaṃ
yaẖ paçyati, sa paçyati. 27.

dance vers ces modes qu'il s'engendre dans une matrice bonne ou mauvaise.

Spectateur et moniteur, soutenant et percevant toutes choses, souverain maître, Ame universelle qui réside en ce corps, tel est le principe Masculin suprême.

Celui qui connaît ce principe et la Nature avec ses modes, en quelque condition qu'il se trouve, ne doit plus renaître.

Plusieurs contemplent l'Ame par eux-mêmes en eux-mêmes; d'autres par une union rationnelle ; d'autres par l'Union mystique des œuvres ;

D'autres enfin, qui l'ignoraient, apprennent d'autrui à la connaître et s'y appliquent : tous ces hommes, adonnés à la science divine, échappent également à la mortalité.

Quand s'engendre un être quelconque, mobile ou immobile, sache, fils de Bhârata; que cela se fait par l'union de la Matière et de l'Idée.

Celui-là voit juste qui voit ce principe souverain uniformément répandu dans tous les vivants et ne périssant pas quand ils périssent ;

Samam paçyan hi sarvatra
samavasṫitam̃ îçwaram̧
Na hinasty âtmanâtmânam̧,
tatô yâti parâm̧ gatim̧. 28.

Prakr̥ty êva tu karmâņi
kriyamâņâni sarvaças
Ya paçyati, taṫâ âtmânam
akartâram̧, sa paçyati. 29.

Yadâ b̆ûtapr̥tagb̆âvam
êkasṫam anupaçyati,
Tata êva ća vistâram,
Brahma sampadyatê tadâ. 30.

Anâditwân, nirguņatwât,
paramâtmâ ayam avyayas,
Çarîrasṫô 'pi, Kœntêya,
na karôti, na lipyatê. 31.

Yaṫâ sarvagatam̧ sœx̌myâd
âkâçam̧ na upalipyatê ;
Sarvatra avasṫitô dêhê
taṫâ âtmâ na upalipyatê. 32.

Yaṫâ prakâçayaty êkas
kr̥tsnam̧ lôkam imam̧ ravis ;
X̌êtram̧ x̌êtrî taṫâ kr̥tsnam̧
prakâçayati, B'ârata. 33.

X̌êtrax̌êtrajñayôr êvam
antaram̧ jñânaćax̌uśâ

En le voyant égal et également présent en tous lieux, il ne se fait aucun tort à lui-même et il entre, par après, dans la voie supérieure.

S'il voit que l'accomplissement des actes est entièrement l'œuvre de la Nature et que lui-même n'en est pas l'agent, il voit juste.

Quand il voit l'essence individuelle des êtres résidant dans l'unité et tirant de là son développement, il marche vers Dieu.

Comme elle est exempte de commencement et de modes, cette Âme suprême inaltérable, fils de Kuntî, tout en résidant dans un corps, n'y agit pas, n'y est pas souillée.

Comme l'air répandu en tous lieux, qui, par sa subtilité, ne reçoit aucune souillure : ainsi l'Âme demeure partout sans tache dans son union avec le corps.

Comme le Soleil éclaire à lui seul tout ce monde : ainsi l'Idée illumine toute la Matière.

Ceux qui par l'œil de la science voient la diffé-

B'ûtaprakr̥timôx̌aṃ ća
yê vidur, yânti tê paraṃ. 54.

Iti Çrîb'agavadgîtâs...., x̌êtrax̌êtrajñavib'âgayôgô nâma, trayôdaçô 'd'yâyas.

XIV.

Çrîbagavân uvâća :

Param b'ûyas pravax̌yâmi
jñânânâṃ jñânam uttamaṃ,
Yaj jñâtwâ munayas sarvê
parâṃ sid'd'im itô gatâs. 1.
Idaṃ jñânam upâçritya,
mama sâd'armyam âgatâs,
Sargê 'pi na upajâyantê,
pralayê na vyat'anti ća. 2.
Mama yônir mahad Brahma ;
tasmin garb'aṃ dad'âmy ahaṃ ;
Samb'avas sarvab'ûtânâṃ
tatô b'avati, B'ârata. 3.
Sarvayônis̆u, Kaontêya,
mûrtayas samb'avanti yâs,
Tâsâm Brahma mahad yônir,
ahaṃ vîjapradas pitâ. 4.
Sattwaṃ, rajas, tama : iti
guṇâs prakr̥tisamb'avâs

rence de la Matière et de son Idée, et la délivrance des liens de la nature, ceux-là vont en haut.

XIV.

YOGA DE LA DISTINCTION DES TROIS QUALITÉS.

Le Bienheureux.

Je vais dire la science sublime, la première des sciences, dont la possession a fait passer tous les Solitaires d'ici-bas à la béatitude ;

Pénétrés de cette science, et parvenus à ma condition, ils ne renaissent plus au jour de la création, et la dissolution des choses ne les atteint pas.

J'ai pour matrice la Divinité suprême ; c'est là que je dépose un germe qui est, ô Bhârata, l'origine de tous les vivants.

Des corps qui prennent naissance dans toutes les matrices, Brahme est la matrice immense ; et je suis le père qui fournit la semence.

Vérité, instinct, obscurité, tels sont les modes

XIV

Nibaďnanti, mahâvâhô,
dêhê dêhinam avyayam. 5.
Tatra sattwam nirmalatwât
prakâçakâmanâmayam
Suk'asaγgêna baďnâti
jñânasaγgêna ća, anaĝa. 6.
Rajô râgâtmakam viddi,
tṛṣṇâsaγgasamudƀavam ;
Tan nibaďnâti, Kœntêya,
karmasaγgêna dêhinam. 7.
Tamas tw ajñânajam viddi
môhanam sarvadêhinâm,
Pramâdâlasyanidrâƀis
tan nibaďnâti, B'ârata. 8.
Sattwam suk'ê sañjayati,
rajas karmaṇi, B'ârata ;
Jñânam âvṛtya tu tamas
pramâdê sañjayaty uta. 9.
Rajas tamaç ća aƀiƀûya
sattwam ƀavati, B'ârata,
Rajas sattwam tamaç ća êva,
tamas sattwam rajas taťâ. 10.
Sarvadwârêṣu dêhê 'smin
prakâça upajâyatê
Jñânam yadâ, tadâ vidyâd
vivṛddam sattwam ity uta ; 11.
Lôƀas, pravṛittir âramƀas
karmaṇâm, açamas, spṛhâ,

qui naissent de la nature et qui lient au corps l'âme inaltérable.

La vérité, brillante et saine par son incorruptibilité, l'attache par la tendance au bonheur et à la science ;

L'instinct, parent de la passion et procédant de l'appétit, l'attache par la tendance à l'action ;

Quant à l'obscurité, sache, fils de Kuntî, qu'elle procède de l'ignorance et qu'elle porte le trouble dans toutes les âmes ; elle les enchaîne par la stupidité, la paresse et l'engourdissement.

La vérité ravit les âmes par la douceur ; la passion les ravit dans l'œuvre ; l'obscurité, voilant la vérité, les ravit dans la stupeur.

La vérité naît de la défaite des instincts et de l'ignorance, ô Bhârata ; l'instinct, de la défaite de l'ignorance et de la vérité ; l'ignorance, de la défaite de la vérité et de l'instinct.

Lorsque dans ce corps la lumière de la science pénètre par toutes les portes, la vérité alors est dans sa maturité.

L'ardeur à entreprendre les œuvres et à y pro-

XIV

Rajasy êtâni jâyantê
vivṛddê B'aratarśaba; 12.

Aprakâçô 'pravṛttiç ća,
pramâdô, môha êva ća,
Tamasy êtâni jâyantê
vivṛddê, Kurunandana. 13.

Yadâ sattwê pravṛddê tu
pralayaṃ yâti dêhabṛt,
Tadâ uttamavidâṃ lôkân
amalân pratipadyatê. 14.

Rajasi pralayaṃ gatwâ
karmasaṅgiśu jâyatê;
Tatâ pralînas tamasi
mûḍayôniśu jâyatê. 15.

Karmaṇaḥ sukṛtasya âhuḥ
sâttwikaṃ nirmalam p'alaṃ;
Rajasas tu p'alaṃ duḥkam;
ajñânaṃ tamasaḥ p'alaṃ. 16.

Sattwât sañjâyatê jñânaṃ,
rajasô lôba êva ća;
Pramâdamôhæ tamasô
bavatô 'jñânam êva ća. 17.

Ûrdawaṃ gaććanti sattwasṭâ;
madyê tiśṭanti râjasâḥ;
Jaganyaguṇavṛttisṭâ
adô gaććanti tâmasâḥ. 18.

céder, l'inquiétude, le vif désir, naissent de l'instinct parvenu à sa maturité.

L'aveuglement, la lenteur, la stupidité, l'erreur, naissent, fils de Kuru, de l'obscurité parvenue à sa maturité.

Lorsque dans l'âge mûr de la vérité, un mortel arrive à la dissolution de son corps, il se rend à la demeure sans tache des clairvoyants.

Celui qui meurt dans la passion, renaît parmi des êtres poussés par la passion d'agir. Si l'on meurt dans l'obscurité de l'âme, on renaît dans la matrice d'une race stupide.

Le fruit d'une bonne action est appelé pur et vrai ; le fruit de la passion est le malheur ; celui de l'obscurité est l'ignorance.

De la vérité naît la science ; de l'instinct, l'ardeur avide ; de l'obscurité, naissent la stupidité, l'erreur et l'ignorance aussi.

Les hommes de vérité vont en haut ; les passionnés, dans une région moyenne ; les hommes de ténèbres qui demeurent dans la condition infime, vont en bas.

XIV

Na anyaṃ guṇêɓ́yaḥ kartâraṃ
yadâ drašṭa anupaçyati,
Guṇêɓ́yaç ća paraṃ vêtti,
mad-ɓ́âvaṃ sô-'dígaććati. 19.
Guṇân êtân atîtya trîn
dêhî dêhasamudɓ́avân
Janma-mṛtyu-jarâ-duḥḱær
vimuktô 'mṛtam açnutê. 20.

Arjuna uvâća :

Kær liṅgæs trîn guṇân êtân
atîtô ɓ́avati, praɓ́ô?
Kim âćâraḥ? kat́aṃ ća êtâṅs
trîn guṇân ativartatê? 21.

Çrîɓagavân uvâća :

Prakâçaṃ ća, pravṛttiṃ ća,
môhaṃ êva ća, Pâṇḍava,
Na dwêšṭi sampravṛttâni,
na nivṛttâni kâṅxati; 22.
Udâsînavad âsînô
guṇær yô na vićâlyatê;
« Guṇâ vartanta » ity êva
yô 'vatišṭati, na iṅgatê; 23.
Samaduḥḱasuḱaḥ, swast́aḥ,
samalôšṭâçmakañćanaḥ,

Quand un homme considère et reconnaît qu'il n'y a pas d'autre agent que ces trois qualités, et sait ce qui leur est supérieur, alors il marche vers ma condition.

Le mortel qui a franchi ces trois qualités issues du corps, échappe à la naissance, à la mort, à la vieillesse, à la douleur, et se repaît d'ambroisie.

Arjuna.

Quel signe, Seigneur, porte celui qui a franchi les trois qualités ? Quelle est sa conduite ? Et comment s'affranchit-il de ces qualités ?

Le Bienheureux.

Fils de Pându, celui qui en présence de l'évidence, de l'activité, ou de l'erreur, ne les hait pas, et qui, en leur absence, ne les désire pas ;

Qui assiste à leur développement en étranger et sans s'émouvoir, et s'éloigne avec calme en disant : « C'est la marche des qualités ; »

Celui qui, égal au plaisir et à la douleur, maître de lui-même, voit du même œil la motte de terre, la pierre et l'or ; tient avec fermeté la balance

Tulyapriyâpriyô, ďîras,
tulyanindâtmasaṅstutiḣ, 24.
Mânâpamânayôs tulyas,
tulyô mitrâripaẋayôḣ,
Sarvârambďaparityâgî,
guṇâtîtaḣ sa ućyatê. 25.
Mâṃ ća yô 'vyaďićârêṇa
ďaktiyôgêna sêvatê,
Sa guṇân samatîtya êtân
brahmaďûyâya kalpatê. 26.
Brahmaṇô hi pratiṡṭâ aham
amṛtasya avyayasya ća,
Çâçwatasya ća ďarmasya,
sukasya êkântikasya ća. 27.

Iti Çrîďagavadgîtâḣ...., Guṇatrayaviďâgayôgô nâma, ćaturdaçô 'ďyâyaḣ.

XV.

Çrîďagavân uvâća :

Ûrdďwamûlam, aďaḣçâkam
açwattam prâhur avyayaṃ,
Ćandâṅsi yasya parṇâni ;
yas taṃ vêda, sa vêdavit. 1.
Aďaç ća ûrdďwam prasṛtâs tasya çâkâ
guṇapravṛdďâ viṡayaprabâlâḣ,

égale entre les joies et les peines, entre le blâme et l'éloge qu'on fait de lui,

Entre les honneurs et l'opprobre, entre l'ami et l'ennemi ; qui pratique le renoncement dans tous ses actes : celui-là s'est affranchi des qualités.

Quand on me sert dans l'union d'un culte qui ne varie pas, on a franchi les qualités, et l'on devient participant de l'essence de Dieu.

Car je suis la demeure de Dieu, de l'inaltérable ambroisie, de la justice éternelle et du bonheur infini.

XV.

YOGA DE LA MARCHE VERS LE PRINCIPE MASCULIN SUPRÊME.

Le Bienheureux.

Il est un figuier perpétuel, un açwattha, qui pousse en haut ses racines, en bas ses rameaux, et dont les feuilles sont des poëmes : celui qui le connaît, connaît le Vêda.

Il a des branches qui s'étendent en haut et en bas, ayant pour rameaux les qualités, pour bourgeons les objets sensibles ; il a aussi des racines

Aďaç ća mûlâny anusaṃtatâni
karmânubanďîni manuṡyalôkê. 2.
Na rûpam asya iha taťâ upalab̓yaṃ,
na antô, na ća âdir, na ća sampratiṡṭ̓â.
Açwaťťam ênaṃ suvirûḍ̓amûlam
asaṅgaçastrêṇa dṛḍ̓êna c̋ittwâ, 3.
Tataḥ padaṃ tat parimârgitavyaṃ
yasmin gatâ na nivartanti b̓ûyaḥ.
Tam êva ća âdyam puruṡam prapadyê,
yataḥ pravṛttiḥ prasṛtâ purâṇî. 4.
Nirmânamôhâ, jitasaṅgadôṡâ
aďyâtmanityâ, vinivṛttakâmâḥ,
Dwandwær vimuktâḥ suk̓aduḥk̓asañjñær,
gac̋c̋anty amûḍ̓âḥ padam avyayaṃ tat. 5.
Na tad b̓âsayatê sûryô,
na çâçâṅkô, na pâvakaḥ,
Yad gatwâ na nivartantê ;
tad ďâma paramam mama. 6.
Mama êva aṅçô jîvalôkê,
jîvab̓ûtaḥ, sanâtanaḥ,
Manaḥ ṡaṡṭ̓âni indriyâṇi
prakṛtisťâni karṡati. 7.
Çarîraṃ yad avâpnôti,
yać ća apy utkrâmati îçwaraḥ

qui s'allongent vers le bas et qui, dans ce monde, enchaînent les humains par le lien des œuvres.

Ici-bas on ne saisit bien ni sa forme, ni sa fin, ni son commencement, ni sa place. Quand avec le glaive solide de l'indifférence l'homme a coupé ce figuier aux fortes racines,

Il faut dès lors qu'il cherche le lieu où l'on va pour ne plus revenir. Or c'est moi qui le conduis à ce principe masculin primordial d'où est issue l'antique émanation du monde.

Quand il a vaincu l'orgueil, l'erreur et le vice de la concupiscence, fixé sa pensée sur l'Ame suprême, éloigné les désirs, mis fin au combat spirituel du plaisir et de la douleur : il marche sans s'égarer vers la demeure éternelle.

Ce lieu d'où l'on ne revient pas ne reçoit sa lumière ni du Soleil, ni de la Lune, ni du Feu : c'est là mon séjour suprême.

Dans ce monde de la vie, une portion de moi-même, qui anime les vivants et qui est immortelle, attire à soi l'esprit et les six sens qui résident dans la nature :

Quand ce maître souverain prend un corps ou

Gṛhîtwâ êtâni saṃyâti,
vâyur ganđân iva âçayât. 8.
Çrôtraṃ, çaxuꞩ, sparçanaṃ ća,
rasanaṃ, ġrâṇam êva ća,
Ađiśṭâya manaç ća ayaṃ,
višayân upasêvatê. 9.
Utkrâmantaṃ, ṡtitaṃ vâ api,
ƀuñǰânaṃ vâ guṇânwitaṃ
Vimûđâ na anupaçyanti,
paçyanti ǰñânaćaxušaꞩ; 10.
Yatantô yôginaç ća ênam
paçyanty âtmany avaṡtitaṃ;
Yatantô 'py akṛtâtmânô
na ênam paçyanty aćêtasaꞩ; 11.
Yad âdityagataṃ têǰô
ǰagad ƀâsayatê 'kilaṃ,
Yać ćandramasi, yać ća agnæ,
tat têǰô viđđi mâmakaṃ. 12.
Gâm âviçya ća, ƀûtâni
đârayâmy aham ôǰasâ,
Pušṇâmi ća ôšađîꞩ sarvâꞩ,
sômô ƀûtwâ rasâtmakaṃ. 13.
Ahaṃ væçwânarô ƀûtwâ,
prâṇinâṃ dêham âçritaꞩ,
Prâṇâpânasamâyuktaꞩ-
paćâmy annaṃ ćaturviđaṃ. 14.

l'abandonne, il les a toujours avec lui dans sa marche, pareil au vent qui se charge des odeurs.

S'emparant de l'ouïe, de la vue, du toucher, du goût, de l'odorat et du sens intérieur, il entre en commerce avec les choses sensibles.

A son départ, pendant son séjour et dans son exercice même, les esprits troublés ne l'aperçoivent pas sous les qualités ; mais les hommes instruits le voient ;

Ceux qui s'exercent dans l'Union mystique le voient aussi en eux-mêmes ; mais ceux qui, même en s'exerçant, ne se sont pas encore amendés, n'ont pas l'intelligence en état de le voir.

La splendeur qui du Soleil reluit sur tout le monde, celle qui reluit dans la Lune et dans le feu, sache que c'est ma splendeur.

Pénétrant la terre, je soutiens les vivants par ma puissance, je nourris toutes les herbes des champs et je deviens le *sôma* savoureux.

Sous la forme de la chaleur, je pénètre le corps des êtres qui respirent, et m'unissant au double mouvement de la respiration, j'assimile en eux les quatre sortes d'aliments.

Sarvasya ća ahaṃ hṛdi sanniviṡṭô ;
mattaḥ smṛtir, ǰñânam apôhanaṃ ća.
Vêdæç ća sarvær ahaṃ êva vêdyô;
Vêdântakṛd, vêdavid êva ća ahaṃ. 15.
Dwâw imæ puruṡæ lôkê,
x̊araç ća ax̊aras êva ća ;
X̊araḥ sarvâṇi b̆ûtâni ;
kûṭast̆ô 'x̊ara ućyatê. 16.
Uttamaḥ puruṡas tw anyaḥ,
paramâtmâ ity udâhṛtaḥ,
Yô lôkatrayam âviçya
bib̆arty avyaya îçwaraḥ. 17.
Yasmât x̊aram atîtô 'ham,
ax̊arâd api ća uttamaḥ,
Atô 'smi lôkê Vêdê ća
pratitaḥ puruṡôttamaḥ. 18.
Yô mâm êvam asammûḍ̆ô
ǰânâti puruṡôttamaṃ
Sa sarvavid b̆aǰati mâṃ
sarvab̆âvêna, B'ârata. 19.
Iti guhyatamaṃ çâstram
idam uktam mayâ, anaġa ;
Êtad buddwâ buddimân syât
kṛtakṛtyaç ća, B'ârata. 20.

Iti Çrîb̆agavadgîtâḥ...., puruṡôttamaprâptiyôġô nâma, pañćadaçô 'd̆yâyaḥ.

Je réside en tous les cœurs : de moi procèdent la mémoire, la science et le raisonnement. Dans tous les Vêdas, c'est moi qu'il faut chercher à reconnaître ; car je suis l'auteur de la théologie et je suis le théologien.

Voici les deux principes masculins qui sont dans le monde : l'un est divisible, l'autre est indivisible ; le divisible est réparti entre tous les vivants ; l'indivisible est appelé supérieur.

Mais il est un autre principe masculin primordial, souverain, indestructible, qui porte le nom d'Ame suprême, et qui pénètre dans les trois mondes et les soutient.

Et comme je surpasse le divisible et même l'indivisible, c'est pour cela que dans le monde et dans le Vêda l'on m'appelle Principe masculin suprême.

Celui qui, sans se troubler, me reconnaît à ce nom, connaît l'ensemble des choses et m'honore par toute sa conduite.

O guerrier sans péché, je t'ai exposé la plus mystérieuse des doctrines. Celui qui la connaît doit être un sage et son œuvre doit être accomplie.

XVI.

Çrîbagavân uvâća :

Ab̈ayaṃ, sattwasañçuddir
jñânayôgavyavasẗitiḥ,
Dânaṃ, damaç ća, yajñaç ća,
swâd̈yâyas, tapa, ârjavaṃ, 1.
Ahiñsâ, satyam, akrôd̈as,
tyâgaḥ, çântir, apæçunaṃ,
Dayâ b̈ûtêśw, alôlatwam,
mârdavaṃ, hrîr, aćâpalaṃ, 2.
Têjaḥ, x̌amâ, d̈ṛtiḥ, çæćam,
adrôhô na-atimânitâ,
B'avanti sampadaṃ dævîm
ab̈ijâtasya, B'ârata. 3.
Damb̈ô, darpô 'b̈imânaç ća,
krôd̈aḥ, pâruśyam êva ća,
Ajñânaṃ ća ab̈ijâtasya,
Pârẗa, sampadam âsurîṃ. 4.
Dævî sampad vimôx̌âya,
nibandâya âsurî matâ.
Mâ çućaḥ, sampadaṃ dævîm
ab̈ijâtô 'si, Pâṇḍava. 5.

XVI.

YOGA DE LA DISTINCTION DE LA CONDITION DIVINE ET DE LA CONDITION DÉMONIAQUE.

Le Bienheureux.

La sincérité, la purification de l'âme, la persévérance dans l'Union mystique de la science, la libéralité, la tempérance, la piété, la méditation, l'austérité, la droiture,

L'humeur pacifique, la véracité, la douceur, le renoncement, le calme intérieur, la bienveillance, la pitié pour les êtres vivants, la paix du cœur, la mansuétude, la pudeur, la gravité,

La force, la patience, la fermeté, la pureté, l'éloignement des offenses, la modestie : telles sont, ô Bhârata, les vertus de celui qui est né dans une condition divine.

L'hypocrisie, l'orgueil, la vanité, la colère, la dureté de langage, l'ignorance, tels sont, fils de Prithâ, les signes de celui qui est né dans la condition des Asuras.

Un sort divin mène à la délivrance ; un sort d'Asura mène à la servitude. Ne pleure pas, fils de Pându, tu es d'une condition divine.

Dwæ b̓ûtasargæ lôkê 'smin,
dæva âsura êva ća :
Dævô vistaraças prôkta ;
âsuram̧, Pâr̓ta, mê çr̨ṇu. 6.

Pravr̨ttim̧ ća nivr̨ttim̧ ća
janâ na vidur âsurâs,
Na çæćam̧, na api ća âćârô,
na satyam̧ têšu vidyatê ; 7.

Asatyam, apratišṭam̧ tê
jagad âhur, anîçwaram̧ ;
Aparasparasamb̓ûtam̧,
kim anyat, kâmahætukam̧. 8.

Etâm̧ dr̨šṭim avašṭab̓ya,
našṭâtmânô, 'lpabudd̓ayas,
Prab̓avanty ugrakarmâṇas
xayâya jagatô 'hitâs ; 9.

Kâmam âçritya dušpûram̧,
damb̓a–mâna-madânwitâs,
Môhâd gr̨hîtwâ asadgrâhân,
pravartantê 'çućivratâs, 10.

Ćintâm aparimêyâm̧ ća
pralayântâm upâçritâs,
Kâmôpab̓ôgaparamâ,
êtâvad iti niçćitâs ; 11.

Açâpâçaçatær badd̓âs,
kâmakrôd̓aparâyanâs,

Il y a deux natures parmi les vivants, celle qui est divine, et celle des Asuras. Je t'ai expliqué longuement la première : écoute aussi ce qu'est l'autre.

Les hommes d'une nature infernale ne connaissent pas l'émanation et le retour ; on ne trouve en eux ni pureté, ni règle, ni vérité.

Ils disent qu'il n'existe dans le monde ni vérité, ni ordre, ni providence ; que le monde est composé de phénomènes se poussant l'un l'autre, et n'est rien qu'un jeu du hasard.

Ils s'arrêtent dans cette manière de voir ; et se perdant eux-mêmes, rapetissant leur intelligence, ils se livrent à des actions violentes et sont les ennemis du genre humain.

Livrés à des désirs insatiables, enclins à la fraude, à la vanité, à la folie, l'erreur les entraîne à d'injustes prises et leur inspire des vœux impurs.

Leurs pensées sont errantes : ils croient que tout finit avec la mort ; attentifs à satisfaire leurs désirs, persuadés que tout est là.

Enchaînés par les nœuds de mille espérances, tout entiers à leurs souhaits et à leurs colères ;

Ihantê kâmaƀôgârťam
anyâyêna arťasañćayân. 12.

« *Idam adya mayâ labđam ;*
imam prâpsyê manôraťaṃ ;
» *Idam asti ; idam api mê*
ƀavišyati punar đanaṃ ; 13.

» *Asæ mayâ hataḥ çatrur ;*
hanišyê ća aparân api.
» *Îçwarô 'ham ; aham ƀôgî ;*
siđđô 'ham, balavân, suḱî, 14.

» *Âđyô 'ƀijanavân asmi ;*
kô 'nyô 'sti sadṛçô mayâ ?
» *Yaxyê, dâsyâmi, môdišya.* »
Ity ajñânavimôhitâḥ. 15.

Anêkaćittaviƀrântâ,
môhajâlasamâvṛtâḥ,
Prasaktâḥ kâmaƀôgêšu
patanti narakê 'çućæ. 16.

Atmasamƀâvitâḥ stabđâ
đanamânamadânwitâḥ
Yajantê nâmayajñæs tê
damƀêna aviđipûrvakaṃ ; 17.

Ahaŷkâram, balaṃ, darpaṃ,
kâmaṃ, krôđaṃ ća saṅçritâḥ ;
Mâm âtmaparadêhêšu
pradwišantô, 'ƀyasûyakâḥ. 18.

pour jouir de leurs vœux, ils s'efforcent, par des voies injustes, d'amasser toujours :

« Voilà, disent-ils, ce que j'ai gagné aujourd'hui : je me procurerai cet agrément; j'ai ceci, j'aurai ensuite cet autre bénéfice.

J'ai tué cet ennemi, je tuerai aussi les autres. Je suis un prince, je suis riche, je suis heureux, je suis fort, je suis joyeux ;

Je suis opulent ; je suis un grand seigneur. Qui donc est semblable à moi ? Je ferai des sacrifices, des largesses ; je me donnerai du plaisir. » Voilà comme ils parlent, égarés par l'ignorance.

Agités de nombreuses pensées, enveloppés dans les filets de l'erreur, occupés à satisfaire leurs désirs, ils tombent dans un enfer impur.

Pleins d'eux-mêmes, obstinés, remplis de l'orgueil et de la folie des richesses, ils offrent des sacrifices hypocrites, où la règle n'est pas suivie et qui n'ont du sacrifice que le nom.

Egoïstes, violents, vaniteux, licencieux, colères, détracteurs d'autrui, ils me détestent dans les autres et en eux-mêmes.

Tân aham dwiśatas, krûrân,
sansârêśu narâdamân
Xipâmy ajasram açubân
âsuriśw êva yôniśu. 19.

Âsurîm yônim âpannâ,
mûdâ, janmani janmani,
Mâm aprâpya êva, Kœntêya,
tatô yânty adamâm gatim. 20.

Trividam narakasya idam
dwâram nâçanam âtmanas,
Kâmas, krôdas, tatâ lôbas;
tasmâd êtat trayam tyajêt; 21.

Êtær vimuktas, Kœntêya,
tamôdwâræs tribir naras
Acaraty âtmanas çrêyas,
tatô yâti parâm gatim. 22.

Yas çâstravidim utsrjya
vartatê kâmakâratas,
Na sa siddim avâpnôti,
na sukam, na parâm gatim. 23.

Tasmâc çâstram pramânam tê
kâryâkâryavyavastitœ;
Jñâtwâ çâstravidânôktam
karma, kartum iha arhasi. 24.

Iti Çrîbagavadgîtâs...., dævâsurasampadvibâgayôgô nâma, śôdaçô 'dyâyas.

Mais moi, je prends ces hommes haineux et cruels, ces hommes du dernier degré, et à jamais je les jette aux vicissitudes de la mort, pour renaître misérables dans des matrices de démons.

Tombés dans une telle matrice, s'égarant de générations en générations, sans jamais m'atteindre, ils entrent enfin, fils de Kuntî, dans la voie infernale.

L'enfer a trois portes par où ils se perdent : la volupté, la colère et l'avarice. Il faut donc les éviter.

L'homme qui a su échapper à ces trois portes des Ténèbres, est sur le chemin du salut et marche dans la voie supérieure.

Mais l'homme qui s'est soustrait aux commandements de la Loi pour ne suivre que ses désirs, n'atteint pas la perfection, ni le bonheur, ni la voie d'en haut.

Que la Loi soit ton autorité et t'apprenne ce qu'il faut faire ou ne pas faire. Connaissant donc ce qu'ordonnent les préceptes de la Loi, veuille ici les suivre.

XVII.

Arjuna uvâća :

Yê çâstravid̃im utsṛjya
yajantê çrad̃d̃ayânwitâḥ,
Têšâṃ ništ̃â tu kâ, Kṛšṇa?
sattwam âhô, rajas, tamaḥ. 1.

Çrîb̃agavân uvâća :

Trivid̃â b̃avati çrad̃d̃â
dêhinâṃ ; sâ swab̃âvajâ ;
Sâttwikî, râjasî ća êva,
tâmasî ća, iti ; tâṃ çṛṇu. 2.
Sattwânurûpâ sarvasya
çrad̃d̃â b̃avati, B̃ârata ;
Çrad̃d̃âmayô 'yam purušô
yô yać ćrad̃d̃aḥ, sa êva saḥ. 3.
Yajantê sâttwikâ Dêvân,
Yaxaraxâṅsi râjasâḥ,
Prêtân B̃ûtagaṇâṅç ća anyê
yajantê tâmasâ janâḥ. 4.
Açâstravihitaṃ, ĝôraṃ
tapyantê yê tapô janâḥ,
Damb̃âhaṃkârasaṃyuktâḥ,
kâmarâgabalânwitâḥ, 5.

XVII.

YOGA DES TROIS ESPÈCES DE FOI.

Arjuna.

Ceux qui, négligeant les règles de la Loi, offrent avec foi le sacrifice, quelle est leur place, ô Krishna? Est-ce celle de la vérité, de la passion, ou de l'obscurité ?

Le Bienheureux.

Il y a trois sortes de foi parmi les hommes : chaque espèce dépend de la nature de chacun. Conçois en effet qu'elle tient ou de la vérité, ou de la passion, ou des ténèbres,

Et qu'elle suit le caractère de la personne ; le croyant se modèle sur l'objet auquel il a foi :

Les hommes de vérité sacrifient aux dieux ; les hommes de passion, aux Yaxas et aux Râxasas ; les hommes de ténèbres, aux Revenants et aux Spectres.

Les hommes qui se livrent à de rudes pénitences et qui n'en sont pas moins hautains, égoïstes, pleins de désir, de passion, de violence,

Karçayantas çarîrastam
    bûtagrâmam, acêtasas,
Mâm ca êva antasçarîrastam,
    tân viddy âsuraniççayân.   6.
Ahâras tw api sarvasya
    trividô bavati priyas;
Yajñas, tapas, tatâ dânam ;
    têsâm bêdam imam çrṇu :   7.
Âyus-sattwa-bala-arôgya-
    suka-prîti-vivarddanâs,
Rasyâs, snigdâs, stirâ, hṛdyâ,
    âhârâs sâttwikapriyâs ;   8.
Katwamlalavaṇâtyuṣṇa-
    tîxnarûxavidâhinas
Âhârâ râjasasya istâ,
    dusKaçôkâmayapradâs ;   9.
Yâtayâmam, gatarasam
    pûtiparyushitam ca yat,
Uććistam api ca amêdyam
    bôjanam tâmasapriyam.   10.
Apalâkâyxibir yajñô
    vididṛstô ya ijyatê,
« *Yastavyam êva* » *iti, manas*
    samâdâya, sa sâttwikas ;   11.
Abisandâya tu palam
    dambârtam api ca êva yat

Torturant dans leur folie les principes de vie qui composent leur corps, et moi-même aussi qui réside dans son intimité : sache qu'ils raisonnent comme des Asuras.

Il y a aussi, selon les personnes, trois sortes d'aliments agréables, trois sortes de sacrifice, d'austérité, de libéralité : écoutes-en les différences.

—Les aliments substantiels, qui augmentent la vie, la force, la santé, le bien-être, la joie, aliments savoureux, doux, fermes, suaves, plaisent aux hommes de vérité.

Les hommes de désir aiment les aliments âcres, acides, salés, très-chauds, amers, acerbes, échauffants, aliments féconds en douleurs et en maladies.

Un aliment vieux, affadi, de mauvaise odeur, corrompu, rejeté même et souillé, est la nourriture qui plaît aux hommes de ténèbres.

— Le sacrifice offert selon la règle, sans égard pour la récompense, avec la seule pensée d'accomplir l'œuvre sainte, est un sacrifice de vérité.

Mais celui que l'on offre en vue d'une ré-

Iǰyatê, B'arataçrêṡṭa,
taṃ yaǰñaṃ viđđi râǰasaṃ ; 12.

Viđihînam, asṛṡṭânnam,
mantrahînam, adaẋiṇaṃ,
Çrađđâvirahitaṃ yaǰñaṃ
tâmasam paríćaẋatê. 13.

Dêva-dwiǰa-guru-prâǰña-
pûǰanaṃ, çœćam, ârǰavaṃ,
Brahmaćaryam, ahiṅsâ ća,
çârîraṃ tapa ućyatê; 14.

Anudvêgakaraṃ vâkyaṃ,
satyam, priyahitaṃ ća yat,
Swâđyâyâƀyasanaṃ ća êva,
vâẏmayaṃ tapa ućyatê. 15.

Manaśprasâdaś, sœmyatwam,
mœnam, âtmavinigrahaś,
B'âvasaṅçuđđir, ity êtat
tapô mânasam ućyatê. 16.

Çrađđayâ parayâ taptaṃ
tapas tat triviđaṃ narœś
Ap'alâkâẏẋiƀir yuktœś,
sâttwikam paríćaẋatê ; 17.

Satkâra-mâna-pûǰârtaṃ
tapô damƀêna ća êva yat
Kriyatê, tad iha prôktaṃ
râǰasaṃ, ćalam, ađruvaṃ ; 18.

compense et avec hypocrisie, ô le meilleur des Bhâratas, est un sacrifice de désir.

Celui que l'on offre hors de la règle, sans distribution d'aliments, sans hymnes, sans honoraires pour le prêtre, sans foi, est nommé sacrifice de ténèbres.

— Le respect aux dieux, aux brâhmanes, au précepteur, aux hommes instruits, la pureté, la droiture, la chasteté, la mansuétude, sont appelées austérité du corps.

Un langage modéré, véridique, plein de douceur, l'usage des lectures pieuses, sont l'austérité de la parole.

La paix du cœur, le calme, le silence, l'empire de soi-même, la purification de son être, telle est l'austérité du cœur.

Cette triple austérité, pratiquée par les hommes pieux, avec une foi profonde et sans souci de la récompense, est appelée conforme à la vérité.

Une austérité hypocrite, pratiquée pour l'honneur, le respect et les hommages qu'elle procure, est une austérité de passion ; elle est instable et incertaine.

XVIII

Mûḍagrâhêṇa âtmanô yat
pîḍayâ kriyatê tapas,
Parasya utsâdanârtam vâ,
tat tâmasam udâhṛtam. 19.

« *Dâtavyam* » *iti yad dânam*
dîyatê 'nupakâriṇê,
Dêçê, kâlê ća, pâtrê ća,
tad dânam sâttwikam smṛtam ; 20.

Yat tu pratyupakârârtam,
palam uddiçya vâ punas,
Dîyatê ća pariklišṭam,
tad dânam râjasam smṛtam ; 21.

Adêçakâlê yad dânam
apâtrêbyaç ća dîyatê,
Asatkṛtam, avajñâtam,
tat tâmasam udâhṛtam. 22.

« *Ôm ! Tat ! Sad !* » *iti nirdêçô*
Brahmaṇas trividas smṛtas ;
Brâhmaṇâs têna Vêdâç ća,
Yajñâç ća vihitâs purâ. 23.

Tasmâd « *Ôm* » *ity udâhṛtya*
yajña-dâna-tapaskriyâs
Pravartantê vidânôktâs
satatam brahmavâdinâm. 24.

« *Tad* » *ity, anabisandâya*
palam, yajña-tapaskriyâs,

Celle qui, née d'une imagination égarée, n'a d'autre but que de se torturer soi-même ou de perdre les autres, est une austérité de ténèbres.

— Un don fait avec le sentiment du devoir, à un homme qui ne peut payer de retour, don fait en temps et lieu et selon le mérite, est un don de vérité.

Un présent fait avec l'espoir d'un retour ou d'une récompense et comme à contre cœur, procède du désir.

Un don fait à des indignes, hors de son temps et de sa place, sans déférence, d'une manière offensante, est un don de ténèbres.

— Ôm. Lui. Le Bien. Telle est la triple désignation de Dieu ; c'est par lui que jadis furent constitués les Brâhmanes, les Vêdas et le Sacrifice.

C'est pourquoi les théologiens n'accomplissent jamais les actes du Sacrifice, de la charité ou des austérités, fixés par la règle, sans avoir prononcé le mot *ôm*.

Lui : voilà ce que disent, sans l'espoir d'un retour, ceux qui désirent la délivrance, lorsqu'ils

Dânakriyâç ća vividâs
  kriyantê môxakâṅxibis. 25.
Sadbâvê sâdubâvê ća
  « *Sad* » *ity êtat prayujyatê ;*
Praçastê karmaṇi tatâ
  Sać ćabdas, Pârta, yujyatê. 26.
Yajñê, tapasi, dânê ća
  stitis Sad iti ća ućyatê ;
Karma ća êva tadartîyaṃ
  Sad ity êva abidîyatê. 27.
Açraddayâ hutaṃ, dattaṃ,
  tapas taptaṃ, kṛtaṃ ća yat,
Asad ity ućyatê, Pârta ;
  na ća tat prêtya, nô iha. 28.

Iti Çribagavadgîtâs...., Çraddâtrayavi-
bâgayôgô nâma, saptadaçô 'dyâyas.

XVIII.

Arjuna uvâća :

Sannyâsasya, mahavâhô,
  tattwam iććâmi vêdituṃ
Tyâgasya ća, Hṛsîkêça,
  pṛtak, Kêçinisûdana. 1.

accomplissent les actes divers du sacrifice, de la charité ou des austérités.

Quand il s'agit d'un acte de vérité ou de probité, on emploie ce mot : le Bien ; on le prononce aussi pour toute action digne d'éloges ;

La persévérance dans la piété, l'austérité, la charité, sont encore désignées par ce mot : le Bien ; et toute action qui a pour objet ces vertus est désignée par ce même mot.

Mais tout sacrifice, tout présent, toute pénitence, toute action accomplie sans la Foi, est appelée mauvaise, fils de Prithâ, et n'est rien ni en cette vie ni dans l'autre.

XVIII.

YOGA DU RENONCEMENT ET DE LA DÉLIVRANCE.

Arjuna.

Héros chevelu, je voudrais connaître l'essence du renoncement et de l'abnégation, ô meurtrier de Kêçin.

XVIII

Çrîbagavân uvâća :

Kâmyânâṃ karmaṇâm nyâsaṃ
sannyâsaṃ kavayô viduḥ ;
Sarvakarmap'alatyâgam
prâhus tyâgaṃ vićaxaṇâḥ. 2.
Tyâjyaṃ dôśavad ity êkê
karma prâhur manîśiṇaḥ ;
Yajña-dâna-tapaḥkarma
na tyâjyam iti ća aparê. 3.
Niçćayaṃ çṛṇu mê tatra
tyâgê, B'aratasattama.
Tyâgô hi, puruśavyâgra,
trividaḥ samprakîrtitaḥ. 4.
Yajña-dâna-tapaḥkarma
na tyâjyaṃ, kâryam êva tat ;
Yajñô dânaṃ tapaç ća êva
pâvanâni manîśiṇâṃ. 5.
Êtâny api tu karmâṇi
saṅgaṃ tyaktwâ p'alâni ća
Kartavyâni ; iti mê, Pârta,
niçćitam matam uttamaṃ. 6.
Niyatasya tu sannyâsaḥ
karmaṇô na upapadyatê ;
Môhât tasya parityâgas
tâmasaḥ varikîrtitaḥ. 7.

Le Bienheureux.

Les poëtes appellent renoncement la renonciation aux œuvres du désir ; et les savants appellent abnégation l'abandon du fruit de toutes les œuvres.

Quelques sages disent que toute œuvre dont il faut faire l'abandon est une sorte de péché ; d'autres disent qu'on ne doit pas le faire pour les œuvres de piété, de munificence et d'austérité.

Ecoute maintenant, ô le meilleur des Bhâratas, mon précepte touchant l'abnégation. Chef des guerriers, il en faut distinguer trois sortes.

On ne doit pas renoncer aux œuvres de piété, de charité, ni de pénitence : car un sacrifice, un don, une pénitence, sont pour les sages des purifications.

Mais quand on a ôté le désir et renoncé au fruit de ces œuvres, mon décret, ma volonté suprême est qu'on les fasse.

La renonciation à un acte nécessaire n'est pas praticable : une telle renonciation est un égarement d'esprit et naît des ténèbres.

Duḥk'am, ity êva yat karma
kâyaklêçab'ayât tyajêt,
Sa kṛtwâ râjasaṃ tyâgaṃ
na êva tyâgap'alaṃ lab'êt. 8.

Kâryam, ity êva yat karma,
niyataṃ kriyatê, 'rjuna,
Saṅgaṃ tyaktwâ p'alaṃ ća êva,
sa tyâgaḥ sâttwikô mataḥ. 9.

Na dwêṣṭy akuçalaṃ karma,
kuçalê na anuṣajjatê
Tyâgî sattwasamâviṣṭô,
mêd'âvî, ćinnasaṅçayaḥ. 10.

Na hi dêhab'ṛtâ çakyaṃ
tyaktuṃ karmâṇy açêṣataḥ;
Yas tu karmap'alatyâgî,
sa tyâgî ity ab'id'îyatê. 11.

Aniṣṭam, iṣṭam, miçraṃ ća,
trivid'aṃ karmaṇaḥ p'alaṃ
B'avaty atyâginâm prêtya,
na tu sannyâsinâṃ kwaćit. 12.

Pañća imâni, mahâvâhô,
kâraṇâni nibôd'a mê,
Sâṅk'yê kṛtântê prôktâni,
sidd'ayê sarvakarmaṇâṃ. 15.

Celui qui, redoutant une fatigue corporelle, renonce à un acte et dit : « Cela est pénible, » n'agit là que par instinct et ne recueille aucun fruit de son renoncement.

Tout acte nécessaire, Arjuna, s'accomplit en disant : « Il faut le faire, » et si l'auteur a supprimé le désir et abandonné le fruit de ses œuvres, c'est l'essence même de l'abnégation.

Un homme en qui est l'essence de l'abnégation, un homme intelligent et à l'abri du doute, n'a ni éloignement pour un acte malheureux, ni attache pour une œuvre prospère.

Car il n'est pas possible que l'homme doué d'un corps, s'abstienne absolument de toute action : mais s'il s'est détaché du fruit de ses actes, dès lors il pratique l'abnégation.

Désirée, non désirée, mêlée de l'un et de l'autre, telle est après la mort la triple récompense de ceux qui n'ont point eu d'abnégation, mais non de ceux qui l'ont pratiquée.

Apprends de moi, ô guerrier, les cinq principes proclamés par la théorie démonstrative comme contenus dans tout acte complet.

Ad̔išṭânaṃ, tat̔â kart̔â,
karaṇaṃ ća pṛt̔ag vid̔aṃ,
Vivid̔âç ća pṛt̔ak ćêšṭâ,
dævaṃ ća êva atra pañćamaṃ. 14.
Çarîra-vâγ̇-manôb̔ir yat
karma prârab̔atê naraḥ,
Nyâyyaṃ vâ, viparîtaṃ vâ,
pañća êtê tasya hêtavaḥ. 15.
Tatra êvaṃ sati, kart̔âram
âtmânaṃ kêvalaṃ tu yaḥ
Paçyaty akṛtabudd̔itwân,
na sa paçyati durmatiḥ. 16.
Yasya na ahaγ̇kṛtô b̔âvô,
budd̔ir yasya na lipyatê,
Hatwâ api sa imâṅl lôkân,
na hanti, na nibad̔yatê. 17.
Jñânaṃ, jñêyam, parijñâtâ,
trivid̔â karmaćôdanâ;
Karaṇaṃ, karma, kartâ, iti
trivid̔aḥ karmasaγ̇grahaḥ. 18.
Jñânaṃ, karma ća, kartâ ća,
trid̔â êva guṇab̔êdataḥ
Prôćyatê, guṇasaγ̇k̔yânê
yat̔âvać ćṛṇu tâny api. 19.
Sarvab̔ûtêšu yêna êkam
b̔âvam avyayaṃ îxatê,
Avib̔aktaṃ vib̔aktêšu,
taj jñânaṃ vidd̔i sâttwikam; 20.

Ce sont, d'une part, la puissance directrice, l'agent et l'instrument ; de l'autre, les efforts divers, et en cinquième lieu, l'intervention divine.

Toute œuvre juste ou injuste que l'homme accomplit en action, en parole ou en pensée, procède de ces cinq causes.

Cela étant, celui qui, par ignorance, se considère comme l'agent unique de ses actes, voit mal et ne comprend pas.

Celui qui n'a pas l'orgueil de soi-même, et dont la raison n'est point obscurcie, tout en tuant ces guerriers, n'est pas pour cela un meurtrier et n'est pas lié par le péché.

La science, son objet, son sujet, tel est le triple moteur de l'action ; l'organe, l'acte, l'agent, telle est sa triple compréhension.

La science, l'action et l'agent sont de trois sortes selon leurs qualités diverses. La théorie des qualités t'ayant été exposée, écoute ce qui s'ensuit :

Une science qui montre dans tous les êtres vivants l'être unique et inaltérable, et l'indivisible dans les êtres séparés, est une science de vérité.

Pṛ'aktwêna tu yaj jñânaṃ
nânâb'âvân pṛ'agvid'ân
Vêtti sarvêṡu b'ûtêṡu,
taj jñânaṃ vidd'i râjasaṃ; 21.
Yat tu kṛtsnavad êkasmin
kâryê saktam, ahætukaṃ,
Atattwâr'tavad, alpaṃ ća,
tat tâmasam udâhṛtaṃ. 22.
Niyataṃ, saỳgarahitam,
arâgadwêṡatas kṛtaṃ,
Ap'alaprêpsunâ karma
yat, tat sâttwikam ućyatê; 23.
Yat tu kâmêpsunâ karma
sâhaỳkârêṇa vâ punas
Kriyatê bahulâyâsaṃ,
tad râjasam udâhṛtaṃ; 24.
Anuband'aṃ, x̊ayaṃ, hinsâm,
anavêx̊ya ća pæruṡaṃ,
Môhâd ârab'yatê karma,
tat tâmasam udâhṛtaṃ. 25.
Muktasaỳgô, 'nahaṃvâdî,
d'ṛty-utsâhasamanwitas,
Sidd'y-asidd'yôr nirvikâras,
kartâ sâttwika ućyatê; 26.
Râgî, karmap'alaprêpsur,
lubd'ô, hinsâtmakô, 'çućis,

Celle qui, dans les êtres divers, considère la nature individuelle de chacun d'eux, est une science instinctive.

Une science qui s'attache à un acte particulier comme s'il était tout à lui seul, science sans principes, étroite, peu conforme à la nature du vrai, est appelée science de ténèbres.

Un acte nécessaire, soustrait à l'instinct, et fait par un homme exempt de désir et de haine et qui n'aspire pas à la récompense, est un acte de vérité.

Un acte accompli avec de grands efforts pour satisfaire un désir ou en vue de soi-même, est un acte de passion.

Un acte follement entrepris par un homme, sans égard pour les conséquences, le dommage ou l'offense, et pour ses forces personnelles, est un acte de ténèbres.

L'homme dépourvu de passion, d'égoïsme, doué de constance et de courage, que les succès ou les revers ne font point changer, est un agent de vérité.

L'homme passionné, aspirant au prix de ses œuvres, avide, prompt à nuire, impur, livré aux

Harṡa-çôkânwitaḥ, kartâ
râjasaḥ parikîrtitaḥ; 27.

Ayuktaḥ, prakṛtaḥ, stabđaḥ,
çaṫô, næṡkṛtïkô, 'lasaḥ,
Viṡâdî, dîrġasûtrî ċa,
kartâ tâmasa uċyatê. 28.

Buddêr bêdaṃ đṛtêç ċa êva
guṇatas triviđaṃ çṛṇu,
Prôċyamânam açêṡêṇa
pṛṫaktwêna, đanañjaya. 29.

Pravṛttiṃ ċa nivṛttiṃ ċa,
kârya-akâryê, bẏaya-abaẏê,
Banđam, môxaṃ ċa yâ vêtti,
buddiḥ sâ, Pârṫa, sâttwikî; 30.

Yayâ đarmam ađarmaṃ ċa,
kâryaṃ ċa akâryam êva ċa
Ayaṫâvat prajânâti,
buddiḥ sâ, Pârṫa, râjasî; 31.

Ađarmam đarmam, iti yâ
manyatê, tamasâvṛtâ,
Sarvârṫân viparîtâṅç ċa,
buddiḥ sâ, Pârṫa, tâmasî. 32.

Dṛtyâ yayâ đârayatê
manaḥ-prâṇa-indriyakriyâḥ
Yôgêna avyabicâriṇyâ,
đṛtiḥ sâ, Pârṫa, sâttwikî; 33.

excès de la joie ou du chagrin, est un agent de passion.

L'homme incapable, vil, obstiné, trompeur, négligent, oisif, paresseux, toujours prêt à s'asseoir et à traîner en longueur, est un agent de ténèbres.

Ecoute aussi, ô vainqueur des richesses, pleinement et dans ses parties, la triple division de l'esprit et de la persévérance, selon les qualités personnelles.

Un esprit qui connaît l'apparition et la terminaison des choses à faire ou à éviter, de la crainte et de la sécurité, du lien et de la délivrance, est un esprit de vérité.

Celui qui distingue confusément le juste et l'injuste, ce qu'il faut faire ou éviter, est de la nature de l'instinct.

Un esprit enveloppé d'obscurité, qui appelle juste l'injuste et intervertit toutes choses, ô fils de Prithâ, est un esprit de ténèbres.

Une persévérance qui retient les actes de l'esprit, du cœur et des sens dans une Union mystique invariable, est une persévérance conforme à la vérité.

XVIII

Yayâ tu darma-kâmârťân
ďṛtyâ ďârayatê, 'rjuna,
Prasaṅgêna pʻalâkâṅxî,
ďṛtiḥ sâ, Pârťa, râjasî ; 34.
Yayâ swapnam, ƀayaṃ, çôkaṃ,
viśâdam, madam êvā ća,
Na vimuñćati, durmêďâ,
ďṛtiḥ sâ, Pârťa, tâmasî. 35.
Sukʻaṃ tw idânîṃ trividaṃ
çṛṇu mê, Bʻaratarśaƀa :
Aƀyâsâd ramatê yatra
duḥkʻântaṃ ća nigaććati ; 36.
Yat-tad agrê viśaṃ iva,
pariṇâmê 'mṛtôpamaṃ,
Tat sukʻaṃ sâttwikam prôktam,
âtmabuddiprasâdajaṃ ; 37.
Viśayêndriyasaṃyôgâd
yat-tad agrê 'mṛtôpamaṃ,
Pariṇâmê viśam iva,
tat sukʻaṃ râjasaṃ smṛtaṃ ; 38.
Yad agrê ća anubanďê ća
sukʻam môhanam âtmanaḥ
Nidrâlasyapramâdôťťaṃ,
tat tâmasam udâhṛtaṃ. 39.
Na tad asti pṛťivyâṃ vâ,
divi dêvêśu vâ punaḥ

Celle, ô Arjuna, qui poursuit le bien, l'agréable et l'utile, dirigée, selon l'instinct, vers le fruit des œuvres, est une persévérance de passion.

Une persévérance inintelligente, qui ne délivre pas l'homme de la somnolence, de la crainte, de la tristesse, de l'épouvante et de la folie, est de la nature des ténèbres.

Ecoute encore, ô prince, les trois espèces de plaisir. Quand un homme, par l'exercice, se maintient dans la joie et a mis fin à la tristesse,

Et quand pour lui, ce qui d'abord était comme un poison est à la fin comme une ambroisie : alors son plaisir est appelé véritable ; car il naît du calme intérieur de son esprit.

Celui qui, né de l'application des sens à leurs objets, ressemble d'abord à l'ambroisie et plus tard à du poison, est un plaisir de passion.

Celui qui, favorisé par l'inertie, la paresse et l'égarement, n'est à sa naissance et dans ses suites qu'un trouble de l'âme, est pour cela un plaisir de ténèbres.

Il n'existe ni sur terre, ni au ciel parmi les

Sattwam prakṛtiǰær muktaṃ
yad êƀiꞩ syât triƀir guṇæꞩ. 40.

Brâhmaṇa-ẋatriya-viçâṃ
çûdrâṇaṃ ċa, parantapa,
Karmâṇi praviƀaktâni
swaƀâvapraƀavær guṇæꞩ : 41.

Çamô, damas, tapaꞩ, çæċaṃ,
ẋântir, ârǰavam êva ċa,
Jñânaṃ, viǰñânam, âstikyam,
brahmakarma swaƀâvaǰaṃ ; 42.

Çæryaṃ, têǰô, đṛtir, daẋyaṃ,
yuđđê ċa apy apalâyanaṃ,
Dânam, îçwaraƀâvaç ċa,
ẋâtraṃ karma swaƀâvaǰaṃ ; 43.

Kṛṡi-gôraẋya-bâṇiǰyaṃ
væçyakarma swaƀâvaǰaṃ ;
Pariċaryâ âtmakaṃ karma
çûdrasya api swaƀâvaǰaṃ. 44.

Swê swê karmaṇy aƀirataꞩ
saṃsiđđiṃ laƀatê naraꞩ ;
Swakarmaniratаꞩ siđđiṃ
yaťâ vindati, taċ ċṛṇu. 45.

Yataꞩ pravṛttir ƀûtânâṃ,
yêna sarvam idaṃ tataṃ,
Swakarmaṇâ tam aƀyarċya,
siđđiṃ vindati mânavaꞩ. 46.

dieux, aucune essence qui soit exempte de ces trois qualités issues de la nature.

Entre les Brâhmanes, les Xatriyas, les Viças et les Çûdras, les fonctions ont été partagées conformément à leurs qualités naturelles.

La paix, la continence, l'austérité, la pureté, la patience, la droiture, la science avec ses distinctions, la connaissance des choses divines : telle est la fonction du Brâhmane, née de sa propre nature.

L'héroïsme, la vigueur, la fermeté, l'adresse, l'intrépidité au combat, la libéralité, la dignité d'un chef : voilà ce qui convient naturellement au Xatriya.

L'agriculture, le soin des troupeaux, le négoce, sont la fonction naturelle du Viça. Enfin servir les autres est celle qui appartient au Çûdra.

L'homme satisfait de sa fonction, quelle qu'elle soit, parvient à la perfection. Ecoute toutefois comment un tel homme peut y parvenir.

C'est en honorant par ses œuvres celui de qui sont émanés les êtres et par qui a été déployé cet Univers, que l'homme atteint à la perfection.

XVIII

Çrêyân swad́armô viguṇaḥ
paraḋarmât swanuṡṫitât ;
Swab́âvaniyataṃ karma
kurvan na âpnôti kilviṡaṃ. 47.

Sahajaṃ karma, Kæntêya,
sadôṡam api na tyajêt ;
Sarvâramb́â hi dôṡêṇa,
d́ûmêna agnir iva, âvṛtâḥ. 48.

Asaktabuddiḥ, sarvatra
jitâtmâ, vigataspṛhaḥ,
Næṡkarmyasiddim paramâṃ
sannyâsêna adigaććati. 49.

Siddim prâptô yaṫâ Brahma
taṫâ âpnôti, nibôd́a mê
Samâsêna êva, Kæntêya,
niṡṫâ jñânasya yâ parâ. 50.

Budd́yâ viçudd́ayâ yuktô,
d́ṛtyâ âtmânam niyamya ća,
Çabdâdîn viṡayâṅs tyaktwâ,
râgadwêṡæ vyudasya ća, 51.

Viviktasêvî, laǵwâçî,
yatavâk-kâya-mânasaḥ,
D́yânayôgaparô nityaṃ,
væràgyaṃ samupâçritaḥ, 52.

Il vaut mieux remplir sa fonction, même moins relevée, que celle d'autrui, même supérieure ; car en faisant l'œuvre qui dérive de sa nature, un homme ne commet point de péché.

Et qu'il ne renonce pas à remplir son œuvre naturelle, même quand elle semble unie au mal : car toutes les œuvres sont enveloppées par le mal, comme le feu par la fumée.

L'homme dont l'esprit s'est dégagé de tous les liens, qui s'est vaincu soi-même et a chassé les désirs, arrive par ce renoncement à la suprême perfection du repos.

Comment, parvenu à ce point, il atteint Dieu lui-même, apprends-le de moi en résumé, fils de Kuntî ; car c'est là le dernier terme de la science.

La raison purifiée, ferme en son cœur, soumis, détaché du bruit et des autres sensations, ayant chassé les désirs et les haines,

Seul en un lieu solitaire, vivant de peu, maître de sa parole, de son corps et de sa pensée, toujours pratiquant l'Union spirituelle, attentif à écarter les passions,

Ahaṅkâram, balam, darpam,
kâmam, krôđam, parigraham
Vimućya, nirmamas, çântô,
brahmaƀûyâya kalpatê. 53.
Brahmaƀûtas, prasannâtmâ,
na çôćati, na kâṅxati;
Samas sarvêšu ƀûtêšu,
madƀaktim laƀatê parâm. 54.
B'aktyâ mâm aƀijânâti
yâvân yaç ća asmi tattwatas;
Tatô mâm tattwatô jñâtwâ,
viçatê tad anantaram. 55.
Sarvakarmâṇy api sadâ
kurvâṇô, madvyapâçrayas,
Matprasâdâd avâpnôti
çâçwatam padam avyayam. 56.
Ćêtasâ sarvakarmâṇi
mayi sannyasya, matparas,
Buddiyôgam upâçritya,
maććittas satatam ƀava. 57.
Maććittas sarvadurgâṇi
matprasâdât tarišyasi;
Ata ćêt twam ahaṅkârân
na çrôšyasi, vinaṅxyasi. 58.
Yad ahaṅkâram âçritya
« na yôtsya » iti manyasê,
Mitya êša vyavasâyas tê;
prakṛtis twâm niyôxyati. 59.

Exempt d'égoïsme, de violence, d'orgueil, d'amours, de colère, privé de tout cortége, ne pensant pas à lui-même, pacifié : il devient participant de la nature de Dieu.

Uni à Dieu, l'âme sereine, il ne souffre plus, il ne désire plus. Egal envers tous les êtres, il reçoit mon culte suprême ;

Par ce culte, il me connaît, tel que je suis, dans ma grandeur, dans mon essence ; et me connaissant de la sorte, il entre en moi et ne se distingue plus.

Celui qui, sans relâche, accomplit sa fonction en s'adressant à moi, atteint aussi, par ma grâce, à la demeure éternelle et immuable.

Fais donc en moi par la pensée, le renoncement de toutes les œuvres ; pratique l'Union spirituelle, et pense à moi toujours ;

En pensant à moi, tu traverseras par ma grâce tous les dangers ; mais si, par orgueil, tu ne m'écoutes, tu périras.

T'en rapportant à toi-même, tu te dis : « Je ne combattrai pas ; » c'est une résolution vaine ; la nature te fera violence.

Swab'âvajêna, Kœntêya,
nibadd'as swêna karmaṇâ,
Kartuṃ na ic'c'asi yan môhât,
karis'yasy avaçô 'pi tat. 60.
Îçwaraś sarvab'ûtânâṃ
hṛdd'êçê, 'rjuna, tis't'ati
B'râmayan sarvab'ûtâni
yantrârûd'âni mâyayâ. 61.
Tam êva çaraṇaṃ gac'c'a
sarvab'âvêna, B'ârata;
Tatprasâdât parâṃ çântiṃ,
st'ânam prâpsyasi çâçwataṃ. 62.
Iti tê jñânam âk'yâtaṃ,
guhyâd guhyataram, mayâ;
Vimṛçya êtad açês'êṇa,
yat'â ic'c'asi tat'â kuru. 63.
Sarvaguhyatamam b'ûyaś
çṛṇu mê paramaṃ vac'aś;
Is'ṭô 'si mê dṛd'amatis;
tatô vax'yâmi tê hitaṃ. 64.
Manmanâ b'ava, madb'aktô,
madyâjî, mâṃ namaskuru;
Mâm êva ês'yasi; satyaṃ tê
pratijânê: priyô 'si mê. 65.
Sarvad'armân parityajya,
mâm êkaṃ çaraṇaṃ vraja;
Ahaṃ twâṃ sarvapâpêb'yô
môc'ayis'yâmi. Mâ çuc'aś. 66.

Lié par ta fonction naturelle, fils de Kuntî, ce que dans ton erreur tu désires ne pas faire, tu le feras malgré toi-même.

Dans le cœur de tous les vivants, Arjuna, réside un maître qui les fait mouvoir par sa magie comme par un mécanisme caché.

Réfugie-toi en lui de toute ton âme, ô Bhârata ; par sa grâce, tu atteindras au repos suprême, à la demeure éternelle.

Je t'ai exposé la science dans ses mystères les plus secrets. Examine-la toute entière, et puis agis selon ta volonté.

Toutefois écoute encore mes dernières paroles où se résument tous les mystères ; car tu es mon bien-aimé ; mes paroles te seront profitables.

Pense à moi ; sers-moi ; offre-moi le sacrifice et l'adoration : par là, tu viendras à moi ; ma promesse est véridique, et tu m'es cher.

Renonce à tout autre culte ; que je sois ton unique refuge ; je te délivrerai de tous les péchés : ne pleure pas.

Idaṃ ṭê na atapasyâya,
na aḃaktâya kadâćana,
Na ća açuçrûṡavê vâćyaṃ,
na ća mâṃ yô 'ḃyasûyati. 67.

Ya idam paramaṃ guhyam
madḃaktêṡw aḃiđâsyati,
B'aktim mayi parâṃ kṛtwâ,
mâm êva êṡyaty asaṅçayaḥ. 68.

Na ća tasmân manuṡyêṡu
kaççin mê priyakṛttamaḥ,
B'avitâ na ća mê tasmâd
anyaḥ priyatarô ḃuvi. 69.

Âđyêṡyatê ća ya imaṃ
đarmyaṃ saṃvâdam ḍvayôḥ,
Jñânayajñêna têna aham
iṡṭaḥ syâm; iti mê matiḥ. 70.

Çradđâvân anasûyaç ća
çṛṇuyâd api yô naraḥ,
Sô 'pi muktaḥ çuḃâṅl lôkân
prâpnuyât puṇyakarmaṇâm. 71.

Kaććid êtać črutam, Pârta,
twayâ êkâgrêṇa ćêtasâ?
Kaććid ajñânasammôhaḥ
pranaṡṭas tê, đanañjaya? 72.

Ne répète mes paroles ni à l'homme sans continence, ni à l'homme sans religion, ni à qui ne veut pas entendre, ni à qui me renie.

Mais celui qui transmettra ce mystère suprême à mes serviteurs, me servant lui-même avec ferveur, viendra vers moi sans aucun doute ;

Car nul homme ne peut rien faire qui me soit plus agréable ; et nul autre sur terre ne me sera plus cher que lui.

Celui qui lira le saint entretien que nous venons d'avoir, m'offrira par là même un sacrifice de science : telle est ma pensée.

Et l'homme de foi qui, sans résistance, l'aura seulement écouté, obtiendra aussi la délivrance et ira dans le séjour des bienheureux dont les œuvres ont été pures.

Fils de Prithâ, as-tu écouté ma parole en fixant ta pensée sur l'Unité ? Le trouble de l'ignorance a-t-il disparu pour toi, prince généreux ?

XVIII

Arjuna uvâća :

Naṣṭô môhas; smṛtir labďâ
twatprasâdân mayâ aćyuta.
S'titô 'smi, gatasandêhas;
kariṣyê vaćanaṃ tava. 73.

Sañjaya uvâća :

Ity ahaṃ Vâsudêvasya
Pârťasya ća mahâtmanas
Saṃvâdam imam açræśam,
adďutaṃ, rômaharṣaṇaṃ. 74.
Vyâsaprasâdâć c̈rutavân
êtad guhyam aham paraṃ,
Yôgaṃ, yôgêçwarât Kṛṣṇât
sâxât kaťayatas swayaṃ, 75.
Râjan, saṅsmṛtya saṅsmṛtya
saṃvâdam imam adďutaṃ
Kêçavârjunayôs puṇyaṃ,
hṛṣyâmi ća muhur muhus; 76.
Tać ća sâṅsmṛtya saṅsmṛtya
rûpam atyadďutaṃ Harês,
Vismayô mê mahân, râjan,
hṛṣyâmi ća punas punas. 77.

Arjuna.

Le trouble a disparu. Dieu auguste, j'ai reçu par ta grâce la tradition sainte, Je suis affermi ; le doute est dissipé ; je suivrai ta parole.

Sañjaya.

Ainsi, tandis que parlaient Vâsudêva et le magnanime fils de Prithâ, j'écoutais la conversation sublime qui fait dresser la chevelure.

Depuis que, par la grâce de Vyâsa, j'ai entendu ce mystère suprême de l'Union mystique exposé par le maître de l'Union lui-même, par Krishna :

Ô mon roi, je me rappelle, je me rappelle sans cesse ce sublime, ce saint dialogue d'Arjuna et du guerrier chevelu, et je suis dans la joie toujours, toujours.

Et quand je pense, quand je pense encore à cette forme surnaturelle de Hari, je demeure stupéfait et ma joie n'a plus de fin.

Yatra yôgêçwaras Kṛṣṇô,
yatra Pârtô danurdaras,
Tatra çrîr, vijayô, bûtir,
druvâṇi. Iti matir mama. 78.

Iti Çrîbagavadgîtâs...., môxasannyâsayôgô nâma, aṣṭâdaçô 'dyâyas.

Iti Çrîbagavadgîtâ samâptâ.

ÇUBAM ASTU SARVAJAGATAM.

Là où est le maître de l'Union mystique Krishna, là où est l'archer fils de Prithâ, là aussi est le bonheur, la victoire, le salut, là est la stabilité : telle est ma croyance.

Fin de la Bhagavad-Gîtâ.

QUE TOUS LES ÊTRES SOIENT HEUREUX !

	Chap.	Pges	Burnouf Bh.-G.--
	1	2	
	2	18	
	3	40	
	4	54	
	5	68	
	6	78	
	7	94	
	8	102	
	9	112	
	10	124	
	11	138	
	12	158	
	13	164	
	14	176	
	15	184	
	16	192	
	17	200	
	18	208	

www.ingramcontent.com/pod-product-compliance
Lightning Source LLC
Chambersburg PA
CBHW070621170426
43200CB00010B/1868
9782012558557